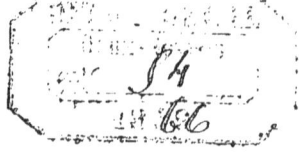

LA

NOBLESSE D'ANGOUMOIS

EN 1635.

« Nous sommes quatre gentilshommes de la Guyenne
« qui courons la bague contre tous allants et
« venants de la France, moi, Sansac, d'Essé,
« et Chataigneraie. » — (FRANÇOIS Iᵉʳ.)

PROCÈS-VERBAL

DE

L'ASSEMBLÉE DU BAN ET ARRIÈRE-BAN

DE LA

SÉNÉCHAUSSÉE

D'ANGOUMOIS

Et rôle des nobles comparant
pour rendre le service en personne
(1er et 2 Septembre 1635)

Avec le blason des armoiries des gentilshommes convoqués
Et des annotations sur leurs alliances, leur filiation,
la situation de leurs fiefs
et leur représentation actuelle,

SUIVIS DE LA

TABLE ALPHABÉTIQUE GÉNÉRALE

DES NOBLES DE L'ANGOUMOIS MAINTENUS PAR M. D'AGUESSEAU,

INTENDANT DE LA GÉNÉRALITÉ DE LIMOGES

(1666-1667),

avec indication du domicile & des armoiries
de chaque gentilhomme assigné,

DOCUMENTS PUBLIÉS

PAR

M. Th. DE B. A.

NIORT

L. CLOUZOT, LIBRAIRE-ÉDITEUR

RUE DES HALLES

1866

PRÉFACE.

———

Richelieu, fidèle à sa politique et poursuivant l'abaissement de la maison d'Autriche, venait de conclure avec les États-Généraux de Hollande, le traité du 8 février 1635, en vertu duquel le roi Louis XIII s'engageait à déclarer la guerre à Philippe IV. Les hostilités commencées, les maréchaux de Châtillon et de Brézé gagnent (le 20 mai) la bataille d'Avein contre les Espagnols, commandés par le prince Thomas de Savoie, qui veut s'opposer à la jonction des armées Française et Hollandaise. Mais par suite de la jalousie du prince d'Orange, mal disposé pour le Cardinal, le siége de Louvain est levé. Le maréchal de Créqui commande une armée en Italie, Rohan dans la Valteline, et le cardinal de la Valette fait face aux Impé-riaux du côté du Rhin, tandis que les Espagnols préparent une descente en Provence. La France ainsi menacée d'une invasion formidable, fait appel à ses ressources extraordinaires, et alors, comme dans toutes les circonstances difficiles de notre histoire, le ban de la Noblesse est convoqué.

Sous ce titre : *La Noblesse d'Angoumois en* 1635, nous donnons le Rôle des gentilshommes de cette province, qui furent assignés à comparaître à cette convocation, ainsi que le procès-verbal de leur Assemblée.

Ce Rôle donnera lieu à deux observations principales. La première porte sur le grand nombre des *défaillants*, qui se monte à 95, sur 230 assignés environ. Si d'abord on tient compte du sentiment traditionnel et chevaleresque qui disposait les gentilshommes à obéir avec empressement à ces convocations toutes militaires, et si l'on considère d'autre part la sévérité des règlements et ordonnances à l'égard des non-comparants, on aura sans doute quelque difficulté à s'expliquer ce chiffre de 95 (c'est-à-dire de plus des deux cinquièmes) dans le corps de la noblesse d'Angoumois. On sait que le *défaillant* s'exposait à la saisie de son fief, et cette disposition se trouve reproduite, avec toute sa rigueur, dans l'ordonnance de convocation du Ban de l'an 1696, où il est dit que les nobles seront sommés de se tenir prêts à la première montre, au jour fixé « sur peine de confiscation de leurs fiefs, et d'être privés à jamais de porter armes, *conformément aux règlements des années* 1635 *et* 1639. » Par où l'on voit que la convocation de l'année 1635 contenait une disposition particulièrement comminatoire à l'encontre des défaillants. Malheureusement, le Rôle de la sénéchaussée d'Angoumois ne fournit aucune explication des nombreux *défauts* qui s'y trouvent indiqués. Ne doit-on y voir que des *défauts* provisoires dont les gentilshommes non-comparants au 1er septembre, auront pu se faire relever quelques jours plus tard? ou bien faut-il en chercher la justification dans l'absence probable des assignés, par suite de leur emploi aux armées du roi ou à certaines fonctions qui les exemptaient? Telle est la question que nous posons sans pouvoir la résoudre nous-même, faute de renseignements plus certains.

« Dans cet embarras des affaires d'Allemagne et de Lorraine « — dit Lévassor, après avoir parlé de l'insuccès du cardinal de « la Valette et du duc de Saxe-Weimar, obligés de repasser le « Rhin — on délibéra dans le conseil du Roi, si Sa Majesté irait « se mettre à la tête de l'arrière-ban convoqué, et de *cinq* « *mille gentilshommes*, dit-on, qui de *bon gré* ou autrement,

« servaient comme *volontaires*... Le roi — dit Servien, dans une
« lettre du 16 août (1635) — est encore incertain s'il s'avancera
« vers la frontière de Champagne. Sa Majesté sera bien accom-
« pagnée. On fait état qu'il y aura vers la fin de ce mois, à
« Châlons, cinq mille gentilshommes *volontaires* de ceux qui
« ont été mandés avec les gouverneurs, *sans compter ce qui*
« *pourra venir de l'arrière-ban.* » (Histoire de Louis XIII).

Il est donc avéré qu'en outre de la convocation régulière de
l'arrière-ban, il avait été fait à la Noblesse un appel préalable,
et qu'elle y avait répondu. Cette circonstance doit suffire à
l'explication des nombreux *défauts* au ban du 2 septembre. Il
est vrai que dans son *Histoire du Poitou*, Thibaudeau rend
ainsi compte des évènements de cette époque. « Le duc de
« la Rochefoucauld notifia au corps de ville de Poitiers une
« commission que le roi lui avait adressée pour assembler la
« Noblesse et le plus de gens de guerre qu'il pourrait dans les
« provinces de Poitou, Saintonge et Angoumois. La ville de
« Poitiers fournit une somme considérable au roi pour lever
« des soldats, et s'obligea de les entretenir pendant trois mois.
« *La Noblesse fut dispensée du service personnel,* en fournissant
« six compagnies de chevau-légers, savoir : la noblesse *d'An-*
« *goumois,* Saintonge et Bas-Poitou, trois compagnies, et le
« Haut-Poitou, trois autres compagnies ; elles ne marchèrent
« cependant point dans ce temps; il y eut seulement des ordres
« pour les tenir prêtes au commencement de l'année suivante.»
— Mais plus loin, à l'article des grands sénéchaux du Poitou,
le même auteur dit, en parlant de Philippe de la Trémoille,
prince de Talmont, marquis de Royan, etc... qu'il « conduisit,
en 1635, *le ban et l'arrière-ban* de cette province (Poitou)
à l'armée de Lorraine, commandée par le duc d'Angoulême et
le maréchal de la Ferté. » Ces récits, en apparence contradic-
toires, prouvent évidemment qu'il y eut alors deux convocations
successives adressées au corps de la Noblesse, et que le ban et
arrière-ban fut réellement mis sur pied, ce qui d'ailleurs ne
saurait être révoqué en doute pour ce qui concerne l'Angoumois, en présence du procès-verbal que nous publions ici.

Notre seconde observation portera sur la qualification d'é-
cuyer, attribuée presque invariablement à tous les convoqués,
quelque élevés que soient d'ailleurs leur rang et leur naissance.
Il ne faut pas perdre de vue qu'il s'agit du ban de la Noblesse,
et que la qualité de gentilhomme était alors exprimée par le
titre d'écuyer, titre à la fois indispensable et suffisant pour être
réputé noble. Dès lors, toute autre qualification devenait su-
perflue, et inutile à consigner dans un rôle dressé au seul point
de vue de la légalité de ces temps-là. A ce propos, qu'il nous
soit permis de hasarder une opinion contraire à celle de plusieurs
écrivains estimables — et notamment du savant M. de Chergé,
auteur des *lettres d'un paysan gentilhomme* — qui posent
en principe que la noblesse est indépendante du titre. Il y a
sans doute dans cette manière de s'exprimer, une confusion
qu'il est bon de démêler, car il est évident pour quiconque a
pris la peine de lire une maintenue de noblesse ou une con-
cession d'anoblissement par lettres patentes, que la qualité de
noble était autrefois inséparable de la qualification d'écuyer,
sans préjudice des autres titres obtenus ou à obtenir. « Ordonnons — est-il dit dans les jugements de maintenue — que ledit
N..., ses successeurs, enfants et postérité nés et à naître en
loyal mariage, jouiront en qualité de *nobles et écuyers,* de tous
les priviléges, etc...»... «.... Du *titre et qualité de noble et
d'écuyer* nous l'avons décoré et décorons, (disent les lettres
d'anoblissement), voulons et ordonnons que lui et sa postérité
soient réputés pour nobles, que *comme tels*, ils puissent
prendre la *qualité d'écuyer*, etc... » Donc il n'y avait pas de
noblesse sans titre, contrairement à ce qui a été dit et soutenu
dans ces derniers temps.

Il se peut aussi que depuis l'entière prééminence de la
Royauté, on se préoccupât davantage d'effacer avec soin les
derniers vestiges de l'influence féodale, en faisant disparaître
tout ce qui pouvait rappeler les anciennes distinctions de *ban*
et *d'arrière-ban*. Toutefois, les rôles des époques antérieures
au XVIIe siècle, sont encore plus sobres et plus laconiques à
l'endroit des qualifications, sauf toutefois celles de *Banneret,*

etc. qui se rapportaient plus particulièrement au degré d'importance territoriale du fief.

Il nous a semblé que la reproduction *textuelle* du Rôle, quelque intérêt que ce document présente par lui-même aux familles de l'Angoumois, ne pourrait que gagner à être accompagnée d'annotations sur les convoqués, leurs alliances, leur filiation et leur représentation actuelle. Nous y avons joint l'énoncé de leurs armoiries, dans l'espoir que ce premier essai d'un armorial de l'Angoumois serait peut-être continué sur un plus vaste plan par quelque écrivain plus autorisé que nous, et tout aussi dévoué au culte des souvenirs qui se rattachent à cette ancienne province. Nous avons presque la certitude que cet espoir ne sera pas déçu, grâce aux travaux d'un de nos amis, enfant de l'Angoumois, et rempli de sollicitude pour les nobles traditions du pays qui fut le berceau de ses ancêtres.

Un mot maintenant sur l'origine de notre manuscrit. C'est une copie faite sur un original en papier, et que nous avons trouvée dans nos archives de famille. Ce document porte pour titre : *Procès-verbal de l'Assemblée du ban et arrière-ban de la Sénéchaussée d'Angoumois, etc. auquel est joint le Rôle des Nobles de la Sénéchaussée comparants en personne.* Il va sans dire que nous avons conservé dans la reproduction du texte, l'orthographe primitive, quelque défectueuse qu'elle soit.

Notre part dans ce petit travail est certainement peu de chose, et nous ne prétendons à d'autre mérite que celui de l'exactitude. Malgré tous nos soins, il nous aura cependant échappé quelques erreurs, inévitables en pareille matière. Nous accepterons avec reconnaissance toutes les notes qui auront pour objet de rectifier ces erreurs et de combler les lacunes qu'on voudra bien nous signaler.

Pour rendre plus complet cet *État* de la Noblesse d'Angoumois au XVIIe siècle, nous le faisons suivre de la liste alphabétique des nobles de cettte province, maintenus par d'Aguesseau en 1667. Il n'est pas de document dont le caractère soit plus officiel, et à ce titre nous espérons qu'il offrira de l'intérêt aux représentants actuels des familles qui fournirent leurs preuves, il y a près de deux cents ans, et les firent agréer après un rigoureux examen, par un juge aussi consciencieux qu'éclairé. Nous avons, comme pour la pièce qui précède, reproduit le texte original de cette table avec toutes ses défectuosités. L'orthographe des noms de lieux et de personnes sera facile à rectifier, mais il n'en sera pas toujours ainsi pour certaines imperfections dans l'énoncé des armoiries et même pour quelques erreurs héraldiques, qui ne peuvent êtres attribuées sans doute qu'à l'inadvertance ou à l'ignorance du copiste. D'ailleurs, quoique nous ne professions pas le respect des fautes, nous avons pour habitude et pour principe de n'altérer en rien le texte des vieux documents, et de leur conserver en tout leur physionomie première.

Château d'A.., le 18 *décembre* 1865.

TH. DE B. A.

Et advenant le premier jour de septembre mil six centz trante cinq, pardevant nous Anthoine Gandillaud, escuier, sieur de Fontfroide, conseiller du Roy, présidant et lieutenant général d'Angoulmois (a), en présence des gens du Roy, a comparu en sa personne Messire Josias de Bresmond, chevallier, seigneur d'Ars (b), lequel en l'assemblée du ban et arrière-ban

(a) Antoine Gandillaud, sgr de Fontfroide, maire d'Angoulême en 1623, président et lieutenant-général de la Sénéchaussée, marié à Marguerite Laisné, fille d'Hélie Laisné, lieutenant particulier, dame de Fontguyon, dont il a eu Gabriel Gandillaud, président et lieutenant général de ladite Sénéchaussée, conseiller d'Etat, marié avec Anne Barbarin, dame de Chambon-Paulte. Gandillaud : *d'azur, à la tour d'argent, maçonnée et crénelée de sable.* — Fontfroide, commune de Saint-Estèphe, canton d'Angoulême.

(b) Josias de Bremond, baron d'Ars et des Chastelliers, sgr du Bouchet, de Coulonge, de Rocâhve, de Dompierre-sur-Charente, de Lucé, de Gimeux etc., chevalier de l'ordre du roi, son conseiller en ses conseils d'Etat et privé, maréchal de ses camps et armées, gentilh. de la

de la d^e Séneschaussée convoqué à ce jourdhuy en cette ville,
a déclaré que par l'ordre de Sa Majesté, il avoit esté nommé
et estably pour la conduitte de la Noblesse d'Angoulmois en
ses armées, dont la lecture a esté faicte à haulte voyx, quoy
faict, toute la dite Noblesse ayant tesmoigné une grande joye et
resentimant du contentement quelle avoit de la nomination
faicte par Sa dicte Majesté de la personne dud. seigneur d'Ars,
a déclaré estre grandement satisfaicte de marcher soubz sa conduite, dont nous avons faict et droissé le présent acte et faict
transcripre à la suitte dicelluy, les lettres de Sa Majesté en
datte des XVIII et XXI aoust dernier. « Monsieur d'Ars, javois
donné ordre au s^r conte de Jonzac, mon lieutenant général en
Xainctonge et Angoulmois, de conduire ma noblesse des Provinces de Xainctonge et Angoulmoys vers ma ville de Challons
en Champaigne où je luy ay donné rendes-vous, et parce que
je juge la présence dud. s^r conte de Jonzac nécessaire dans
mes d. provinces, je vous faictz cette lettre pour vous dire que
vous ayez à prandre la conduite de ma d^e Noblesse et la mener
au plus grand nombre et meilleur équipage que se poura vers
ma d^{te} ville de Challons dans la fin de ce moys ou plus thost
s'il est possible, suivant ce que javois prescript aud. conte de
Jonzac et massurant qu'en cette occazion où il sagit de la con-
servation de mon estat et de la gloire que mes armes ont acquise,
vous aporteres tout ce que je puis me promettre de vos soins,
de vostre crédit et de vostre affection, je ne vous feray cette

chambre, député de la noblesse d'Angoumois aux Etats-généraux de
1614, né en 1561, mort en 1651, marié, 1600, à Marie de la Rochefoucauld, fille de François, baron de Montendre et de Montguyon, et
d'Hélène de Goulard. Il était fils de Charles de Bremond, 2e du nom,
baron d'Ars et des Chastelliers, sgr de Comporté-sur-Charente, de
Gimeux, des Padiances, etc., chevalier de l'ordre du roi, lieutenant-
général-commandant ès pays de Saintonge, Angoumois et Aunis, capitaine de 50 hommes d'armes des ordonnances, etc., et de Louise
d'Albin de Valsergues de Seré. *Josias* fut père de *Jean-Louis*, marquis d'Ars, tué au siége de Cognac, en 1651.

lettre plus longue que pour vous assurer que je conserveray le souvenir des services que vous my rendrez pour vous en recongnoistre et les vostres en ce quy soffrira pour vostre bien et advantage. Et sur ce, je prie Dieu vous avoir, monsieur d'Ars, en sa sainte garde. Escripte à St-Germain en Laye, le XVIIIᵉ jour d'Aoust 1635, signé Louis, et plus bas, Servien. — Monsieur d'Ars, par une lettre que le sʳ conte de Jonzac (a) vous aura donnée de ma part, vous aurez desja veu quayant estimé à propos pour mon service quil demeurast dans les provinces de lestendue de sa charge, je désirois que-vous prissiez la conduite de ce quil auroit assemblé de ma Noblesse pour lamener en celle de Champaigne au rendezvous que je luy avois donné, et maintenant jay bien voulleu vous faire encores cette lettre pour vous donner advis de la résolution que jay prinze de partir dans peu de jours de ce lieu pour me randre à Challons dans la fin du présent moys et vous dire que vous ayez à conduire au plusthost audᵗ Challons toutte la Noblesse de ma province d'Angoulmois dont japrends par la lettre dudᵗ sieur conte de Jonzac quil y a bon nombre prest à marcher, et je massure que chacun sera bien aise de se trouver aux occazions de me randre service où je me porteray en personne. Vous aurés donc à employer vos soings et vostre crédict pour faire que vous y veniez le mieux acompaigné et le plus dilligemment quil sera possible, vous assurant que le service que vous me randrés me sera en particulière recommandation et sur ce je prie Dieu vous avoir, monsieur d'Ars,

(a) Léon de Sainte-Maure, comte de Jonzac, marquis d'Ozillac, sgr de Mosnac et de Fléac, conseiller du roi en ses conseils d'Etat et privé, gouverneur des ville et château de Cognac, lieutenant-général des armées du roi, chevalier de ses ordres, décédé en 1671. Il avait épousé, en 1622, Marie d'Esparbès-de-Lussan, fille de François d'Esparbès-de-Lussan, maréchal de France, et de Marie Bouchard d'Aubeterre. Il en eut, entre autres enfans, Alexis de Sainte-Maure, marquis d'Ozillac et de Jonzac, lieutenant-général des provinces de Saintonge et Angoumois, premier écuyer de *Monsieur*, frère de Louis XIV, marié à Suzanne de Catelan. — Sainte-Maure : *d'argent, à la fasce de gueules.*

en sa s^{te} garde. Escripte à Chantilly, le vingt-uniesme jour d'Aoust mil six centz trante cinq. Signé Louis, plus bas, Servien. » Et les d. lettres ont esté randues aud. sgr d'Ars. Ce faict, a esté procédé en la manière acoustumée à l'audience des Nobles comparants aud^t ban et arrière-ban de la d^{te} Séneschausée.

EXTRAICT DU CAHIER DU ROOLE

DU

BAN ET ARRIÈRE-BAN

DE LA

SÉNESCHAVLCÉE

D'ANGOULMOIS.

────────

ORDRE DES NOBLES

COMPARANS POUR RENDRE LE SERVICE PERSONNEL.

────────

CONFOLLANT, CHABANOIS ET LOUBERT.

────────

CLAUDE des **ROUZIERS**, *escuyer, au lieu et plasse de Philippes d'Acier, son oncle, escuyer, s^r des Brosses.* (ob.) (*a.*)

Des Roziers, sgr de la Cour : *d'argent, à 3 roses de queules, tigées et feuillées de sinople, 2 et 1.* — Cette famille qui aura peut-être modifié l'orthographe de son nom, doit être la même que celle de MM. du Rousier, habitant encore aujourd'hui la commune de Saint-Maurice, canton de Confolens, où est située la terre de la Cour ?

D'Acier (aliàs d'Assier), sgr des Brosses : *Burelé*

─────────

(*a*) Obéissant.

d'argent et de gueules..... *de* 9 *merlettes,* 3, 3, 2 *et* 1. Les Brosses en ladite commune de Saint-Maurice des Lions.

PIERRE DE CHAMBOURANT, *s^r de Villevert, au lieu de Joua-chin de Chambourant, escuyer, s^r de Droux, son père.* (OB.)

Chamborand (Joachim de), sgr de Droux (élection de Limoges), était fils de Jean de Chamborant, chevalier de l'ordre du roi, colonel d'un régiment d'infanterie, et de Catherine de Châteauvieux, sa seconde femme ; il fut la tige de la branche de Villevert, fief situé en la paroisse de Confolens. Armes : *d'or, au lion de sable, armé et lampassé de gueules.*

JACQUES DE CAMBOURG, *escuyer, s^r dud. lieu.* (DEF.) (*a*).

REGNÉ DU TEILH, *escuyer, s^r de Montre? au lieu de Simon du Teilh, son père, escuyer, s^r de la Court-Sainct-Cristophe.* (OB.)

Du Teil, sgr de Saint-Christophe (près Confolens) : *d'or, au lion de gueules, armé, lampassé et couronné d'argent, au chef d'azur,* aliàs : *de gueules, au lion d'argent, armé de sable, au chef cousu d'azur chargé d'une couronne d'argent.* — René du Teil, écuyer, sgr du Montet, marié à Catherine Dreux. Il était fils de Simon du Teil, écuyer, sgr de Saint-Christophe, et d'Anne Vérinaud.

CAZIMIR BARBARIN, *escuyer, s^r de Fonteyroux, servira pour le s^r Dumontet.* (OB.)

Cette famille représentée de nos jours en Angoumois, ne doit pas être confondue avec celle de *Barberin* qui porte *d'azur, à 3 mouches à miel d'or 2 et 1,* tandis que les armes des Barbarin, sgrs du Cluzeau, de Fonteyroux, etc. sont : *de gueules, au barbarin (poisson) d'argent.* (M. d'Ag.) On trouve ailleurs : *d'azur, à trois barbeaux d'argent en fasce, celui du milieu regardant à sénestre, et les deux autres à dextre.* Quelques auteurs, mais à tort,

(*a*) Défaillant.

suivant nous, écartèlent ces armes de celles des *Barberin* de Reignac en Saintonge. — Le sgr du Montet dont il est ici question, doit être René du Teil, cité plus haut, sgr du Montet, commune de Saint-Christophe près Confolens, relevant de Brigueil.

PIERRE VIDAUD, *escuyer, s^r de Cheminade*. (DEF.)

Vidaud, sgr du Chambaud (paroisse de Saint-Maurice?): *d'azur, tranglé d'or, à 3 fleurs de lis en chef, et un lion passant de même, en pointe.* Famille représentée par MM. Vidaud du Dognon. — La Cheminade, commune de Saint-Maurice.

.... BARBARIN, *escuyer, s^r de Jambes, moyennant quoy, le s^r de Pluye, son frère, est exempt dud. service, coume donné pour ayde.* (OB.)

Evidemment de la même famille que *Cazimir* qui précède. Jambe ou Jamme (chez), commune d'Oradour-Fanais, canton de Confolens.

JEHAN DE MERGEAY, *escuyer, s^r de Beaulieu et de Chantrezac.* (DEF.)

Mergey, sgr du Chastelard : *d'azur, à la croix potencée d'or, accompagnée d'une croix bezantée de même, en chaque quartier.* Beaulieu et Chantrezac, communes du canton de Saint-Claud, arrondissement de Confolens. — Jean était fils d'autre Jean de Mergey, l'auteur des *mémoires*, et d'Anne de Courcelles, dame de Blanzac; il épousa Catherine de Raymond du Repaire.

JEHAN PERRY, *escuyer, s^r de la Chaufie, tant pour luy que pour sa mère, moyennant la contribution qu'elle luy fera.* (OB.)

La Chaufie, commune de Pressignac, canton de Chabanais. Perry : *d'argent, à deux lions passants de gueules, séparés d'une bande de sable; deux griffons pour supports et une tête de licorne pour cimier.* On trouve Isaac

Perry, écuyer, sgr de la Roche-Genouillac, marié vers
1650, à Renée de Verdelin, fille de Jacques de Verdelin,
chev. sgr d'Orlac en Saintonge, lieutenant-colonel du régiment de Navarre, enseigne de la compagnie des gendar-
mes du duc d'Epernon, et d'Antoinette Gréen de Saint-
Marsault, sa seconde femme. Elle était sœur de Marie-
Guillemette de Verdelin (issue du 1er mariage), mariée,
en 1630, à Jean-Louis de Bremond, marquis d'Ars, tué
au siége de Cognac en 1651. Cet Isaac Perry fut père
d'Antoinette Perry, mariée en 1675, avec David d'Authon,
sgr de la Sablière, fils de René, sgr d'Authon, et de Catherine Guy. — La famille de Perry est encore représentée,
notamment par M. de Perry, membre du conseil d'arrondissement pour le canton de Cognac, et veuf de demoiselle
Guillet de Planteroche.

PIERRE DE COUHÉ, *escuyer, s^r de la Tousche.* (DEF.)

Peut-être Pierre de Couhé, marié à Jeanne de Mascu-
raud, en 1651? Il était fils de Jacques de Couhé, sgr de
la Mothe, et de Léonarde de la Quintinie. — Cette famille
que l'on croit issue des Couhé-Lusignan, portait : *Ecartelé
d'argent et de sable, à une merlette de l'un en l'autre.*

LE S^r DE BRIE DE TOUCHEPRÉ. (DEF.)

Sans doute Antoine Mesnard, chev. sgr de Toucheprès
et de Brie, marié avec Anne le Roux, et fils de David
Mesnard, sgr de Toucheprès et de Brie, gentilh. de la
chambre du roi, et de Renée Petit. Est-ce Brie en Mazerolles près Montembœuf, ou Brie en la commune des Pins,
canton de Saint-Claud? Mesnard de Toucheprès : *d'argent,
à 3 porcs-épics de sable, miraillés d'or, 2 en chef et 1 en
pointe.*

JACQUES DE LEVAL, *escuyer, s^r dudict lieu.* (OB.)

LE SEIGNEUR DE FREDALGNES, *seigneur du fief Deschassat.* (DEF.)

Chassat, commune de Chabanais.

JEHAN TIBAUD, *escuyer, s^r de Champlorier.* (ob.)

Champlaurier, commune de Mouzon, canton de Montembœuf.

YZAAC BERTRAND, *escuyer, s^r de Lamotte-Sainct-Vincent.* (def.)

Bertrand de Goursac et de Romefort : *Parti, au 1er d'azur à 3 chevrons d'or, au 2e aussi d'azur au chevron renversé d'or.* La Mothe–Saint–Vincent, commune de Vitrac–Saint–Vincent, canton de Montembœuf.

REGNÉ de CESCAUD, *escuyer, s^r de Fontpallais, s^r en partie de la Baronnière, à la charge que ses parprenans aud. fief contriburont.* (def).

Fontpallais, commune de Grassac, canton de Montbron. — La Baronnière, commune des Pins, canton de Saint-Claud.

MELCHIOR DALMENICQ, *escuyer s^r de la Chapelle.* (ob.)

Le s^r du MAISNE GROYER. (def.)

Serait-ce pour *Maine-Groger*, commune de Charmant, canton de Lavallette ? — On trouve Izaac de Livron, écuyer, sgr du Maisne-Groyer, capitaine au régiment d'Aubeterre en 1643, marié, en 1630, à Esther Fort. Il était fils de Josias de Livron, sgr du Maine-Groyer, et d'Esther Pastoureau.

REGNÉ de VEZEAU, *escuyer, s^r de la Gèze de Chasse-Neuilh, exempt moyennant que Yzaac Nerier, escuyer, s^r de Maquerit quy na aulcung fief, a comparu pour servir au lieu dud. de Vezeau avecques le mesme esquipage quil heust faict. Geoffroy de Chergé, sieur de Grand-Champ, sert en sa place.*

Chasseneuil, commune du canton de Saint-Claud, arrondissement de Confolens. — Geoffroy de Chergé était fils de Cybard de Chergé, écuyer, sgr dudit lieu de Chergé, et d'Elisabeth de Montalembert. Il paraît s'être fixé plus tard en la paroisse de Saint-Aubin-la-Plaine près Fontenay-le-Comte, en Bas-Poitou. Cette famille est représentée à Angoulême et à Poitiers; elle porte : *d'azur, à la fasce d'argent, chargée de 3 étoiles de gueules.*

LOUIS ORRICQ, *s^r de la Baronnière.* (DEF.)

Horric : *d'azur, à 3 boucles d'or.* Famille représentée en Saintonge dans la branche de la Rochetollay.

PIERRE DE CURSAY, *escuyer, s^r de Saint-Masry. Le s^r de Boisbretaud en sa plasse.* (OB.)

Saint-Mary, commune du canton de Saint-Claud; Bois-bertaud, paroisse de Rouillac. Jean de Cursay, sgr de Bois-bertaud, marié à Françoise Gentil, était mort avant 1620, et paraît n'avoir laissé que deux fils: 1° Pierre de Cursay, sgr de Saint-Mary, dont il s'agit ici, et 2° Charles de Cursay, sgr de Puyraud, mentionné plus loin. Ils avaient une sœur, Charlotte de Cursay, mariée à Pierre de la Porte, sgr de la Valade, à qui elle aura peut-être porté le fief de Bois-bertaud, et qui aura pu servir en la place de son beau-frère, Pierre de Cursay? Armes : *d'azur, au cœur d'or, soutenu d'un croissant d'argent en pointe* (M. d'Ag.); d'Hozier donne : *d'argent, au cœur enflammé de gueules, soutenu d'un croissant de même;* et Beauchet-Filleau : *burelé d'argent et d'azur de 8 pièces, à la bande engrelée de gueules brochant sur le tout.* Cursay anciens, éteints.

CHARLES DE BARBEZIÈRES, *escuyer, s^r de la Soudière.* (DEF).

La Soudière, commune de Saint-Mary, canton de Saint-Claud. Charles de Barbezières, chevalier sgr de la Sou-dière, Saint-Mary, Villeneuve et Limalonge, marié deux fois 1° avec Henrie Pidoux, 2° à Confolens, en 1626, avec Marie Carion, veuve de Louis Régnaud, chev^r, sgr de l'Age-Bertrand. Il paraît n'avoir laissé que deux filles, issues de

son 1ᵉʳ mariage. Armes : *fuselé d'argent et de gueules.*
La maintenue d'Aguesseau donne : *d'argent, à 6 fusées
de gueules en fasce.* Cette famille était encore représentée
à Bordeaux, il y a quelques années.

LIONNET THOUMAS, *escuyer, sʳ de la Barrière, sera donné
aide.* (OB.)

Probablement la Barrière située en la commune de
Saint-Quentin, canton de Chabanais? Thomas de Lézignac : *d'or, au cœur de gueules, une étoile d'azur en chef et
une croix raccourcie du même en pointe.* Cette famille,
sans doute la même que celle des Thomas des Maison-
nettes, de Montgoumard, etc, qui a donné aux lettres
plusieurs personnages distingués, entre autres, le célèbre
Thomas de Girac, l'ami de Balzac, est encore représentée
en Angoumois par M. Thomas de Bardines.

Lᴇ sʳ ᴅᴇ CHAUFOUR, *frère dudict sʳ de la Merlière.* (DEF.)

La Merlière, commune de Cellefrouin, canton de Mansle,
arrondissement de Ruffec.

Lᴇ sʳ DUMESNY, *tant pour luy que pour le sʳ de Castel, sʳ de
Castelnaud, son beau-père.* (OB.)

Serait-ce *Casternaud* situé commune de Cellefrouin?

JACQUES ʟᴇ MERCYER, *escuyer, sʳ de la Borde et de la Trimouille.* (OB.)

La Trimouille, commune de Saint-Angeau, canton de
Mansle; la Borde (aliàs la Barde), commune de Saint-
Amand de Bonnieure près Mansle. Le Mercier : *d'azur, au
chevron d'or accompagné d'un croissant d'argent en
chef au milieu de deux étoiles d'or, et d'un limaçon
d'argent en pointe.*

3

FRANÇOIS DE **LUBERSAC**, *escuyer, s^r de la Chandelière; Jehan de Lubersac, son filz, sert en son lieu et plasse, moyennant ayde.* (OB.)

> Lubersac : *de gueules, au lion passant d'or.* Famille représentée. Il faut lire évidemment *Chaudelerie,* commune de Saint-Amand de Bonnieure.

FRANÇOIS AUDET, *s^r des Oulières, au lieu de Josept Odet, s^r du Fouilloux, son père.* (DEF.)

> Odet du Fouilloux : *de gueules, à 3 glands d'or tigés de même, 2 et 1.* Serait-ce Isaac-François Odet, s^r du Fouilloux, marié à Anne de Villemandy ?

FRANÇOIS DE **VEZEAU**, *escuyer, s^r de Rancougnes, avec le s^r de Villars-Marange, fourniront ung cheval legier.*

PIERRE GOURDIN, *escuyer, s^r de la Barrière de Touviers.* (OB.)

> Gourdin de la Faye : *d'azur, au calice d'or dans lequel becquettent deux pigeons d'argent, et à un croissant de même en pointe.* Au lieu de *Touviers,* lire Tourriers, commune du canton de Saint-Amand-de-Boixe.

PHILIPPES DE **CERCÉ**, *escuyer, à la charge quil luy sera fourny aide par le s^r Seneschal pour contribuer.* (OB.)

> Serait-ce Philippe de Cerzé, marié à Paule de Livennes? — Cerzé de Port-Foucaud, paroisse de Coulonges, près Saint-Amand-de-Boixe : *d'argent, au chevron de gueules, accompagné de....*

PHILIPPES DEROBERT, *escuyer, s^r de Vivonne, tant pour luy que pour Anthoine Derobert, son père, à la charge quil luy sera baillé ayde par le s^r Séneschal d'Angoulmois pour fournir aux fraitz et despance de son voyage.* (A LA CHARGE DE CONTRIBUTION.)

FRANÇOIS BARDONIN, *escuyer*, s^r *de Souneville et Boisbuchet.* (OB.)

Boisbuchet, commune du Petit-Lessac près Confolens. Bardonin de Sonneville : *d'azur, à 3 molettes d'éperon d'or,* 2 et 1. Il s'agit probablement ici de François Bardonin, sgr de Sonneville, marié, le 18 décembre 1628, avec Olive de Villoutreix. Il était fils d'autre François Bardonin, marié à Gabrielle Brouard, et fut père de François Bardonin, sgr de Saint-Romain, marié à Marie-Anne de Fleury, le 8 octobre 1658. — Sonneville, commune du canton de Rouillac, arrondissement d'Angoulême.

CHARLES FLAMANT, *escuyer*, s^r *de Villognon et Simounier.* (EXEMPT.)

Sans doute Charles Flament, marié à Eymerie Reynaud, dont François-Louis Flament marié à Marie Gréen de Saint-Marsault. Flament de Villognon et de Lugerac : *de gueules, à 2 lions passants d'or, lampassés et couronnés d'argent, l'un sur l'autre.* Villognon, commune du canton de Mansle. Simounier peut-être pour *Simonie,* commune du Vieux-Ruffec ?

REGNÉ PRÉVOST, *escuyer*, s^r *de Moullins* (A LA CHARGE DE CONTIBUTION.)

Sans doute de la famille des Prévost de Sansac ?

JEHAN DE LIVENNE, *filz du s^r de Laumont, au lieu dudict s^r de Laumont.* (OB.)

Jean de Livenne, 2e du nom, chevalier, sgr de Laumont (Paroisse de Bignac), de la Toucherolle, des Rivières, de Mérignac, etc., marié, 1629, à Charlotte de Bremond, fille de Josias de Bremond, baron d'Ars, et de Marie de la Rochefoucauld. Il était fils d'autre Jean de Livenne, sgr de Laumont et en partie de Saint-Genis, et de Marie de la

Faye de la Toucherolle, et fut père d'Henri de Livenne, chevalier, sgr de Laumont, Clainville, les Rivières, les Brousses, le Breuil-Bastard, Beaupreau, etc., marié, 1650, à Marie du Fossé. Cette famille, sur le point de s'éteindre, n'est plus représentée que par Mme la baronne de la Porte aux Loups, habitant Angoulême. Livenne : *d'argent, à la fasce de sable, frettée d'or de six pièces, accompagnée de 3 étoiles de sable, 2 en chef et une en pointe.*

LE S^r DE **LA MOTTE SAINCT-GENIS**, (OB. A LA CHARGE DE CONTRIBUTION).

Devait être de la famille de Livenne qui possédait, à cette époque, la seigneurie de la Mothe-Saint-Genis?

YZAAC DE LA **PORTE**, *escuyer, s^r de Sainct-Genis, Chastillon et la Vallade.* (DEF.)

Isaac de la Porte, fils de Pierre de la Porte, sgr de Châtillon, *gentilh. de la chambre du Roi Henri IV,* et de Jacquette de Livenne, dame de Saint-Genis, épousa, 1603, Louise de Pons, fille de Jacques, baron de Mirambeau, et de Marie de la Porte, dont il eut, entre autres enfans, Jacques de la Porte, sgr de Saint-Genis, marié à Catherine de Morel, en 1613. Isaac se remaria avec Jacquette de Raimond, veuve de Raimond de Morel de Thiac, et n'en eut point d'enfans. La Porte aux Loups : *d'azur, à la fasce componée d'or et de gueules, accompagnée de deux loups passants d'or, l'un en chef et l'autre en pointe.* La maintenue d'Aguesseau donne : *d'azur fascé d'or et de gueules à 6 piles, à 2 renards d'or passants, l'un sur l'autre, en pointe.* Famille représentée en Angoumois et en Poitou. Saint-Genis, commune du canton d'Hiersac.

PIERRE RÉGNAUD, *escuyer, s^r de Seix et Louis Regnaud, s^r des Pallus, son frère, pour ayde.* (OB.)

Probablement Pierre Régnaud, écuyer, sgr du Maslandry, des Arcailz, etc., marié à Marie de la Borderie, dont il eut Jean-Louis Régnaud, écuyer, sgr du Maslandry, marié à Louise Guy de Ferrières. Régnaud : *d'azur, à 3 pommes de pin d'or*. La maintenue d'Ag. donne les pommes de pin d'*argent*. Au lieu de *Seix*, il faut lire sans doute *Scée*, commune de Vars, canton de Saint-Amand-de-Boixe.

JEHAN ORRICQ, *escuyer, s^r Dandonne et de la Barre*. (DEF.)

Armes (ut suprà). La Barre, commune de Villejoubert, canton de Saint-Amand-de-Boixe? Est-ce *Jean*, marié à Anne de Mergey, ou son fils, aussi appelé *Jean*, marié à Louise Laurens ?

ARNAUDET GUYOT, *au lieu et plasse de Mathieu Guyot, s^r de la Vergne, son père*. (OB. A LA CHARGE DE CONTRIBUTION.)

Arnaud Guiot devait être fils de Mathieu Guiot, sgr de la Lande, des Granges, etc., marié à Fabienne des Roziers, lequel *Mathieu* était fils lui-même de Martial Guiot, sgr de la Vergne, et de Charlotte Pastoureau. — La Vergne, en la commune d'Alloue, canton de Champagne-Mouton. Guiot : *d'or, à 3 perroquets de sinople, becqués, membrés et colletés de gueules*. Famille représentée, notamment dans les branches du Repaire et de Lesparre.

PHILIPPES DE LESMERYE, *escuyer, s^r de la Grave, le Breuilh-au-Vigier, denchoizis*. (OB). *Hellies Raymond, escuyer, s^r du Pérat, en sa plasse*.

Philippe de Lesmerie, marié à Jeanne Raymond; il était fils de *Joseph*, et de Catherine de Jousseran, et fut père de Jean de Lesmerie, marié à Catherine Sauvestre de Clisson. Armes : *d'argent, à 3 feuilles de chêne de sinople, 2 et 1*. La Grave, commune de Cellettes, canton de Mansle, arrondissement de Ruffec. Le Breuil-aux-Vigiers, commune de Bernac, canton de Villefagnan.

Raymond : *lozangé d'or et d'azur.* Le Perat, commune de Marsac, canton de Saint-Amand-de-Boixe.

LE S^r DE SAINCT-AUBAIN. (DEF.)

Sans doute Saint-Aubin, commune de Villejésus, canton d'Aigre?

LE S^r DE LA GARDE. (DEF.)

Une famille de ce nom a possédé le château de Nanteuil, commune de Sers, canton de la Valette; elle portait : *d'argent, à l'étoile de gueules.*

CLAUDE BRYAIN, *escuyer,* s^r *de Cussact, à la charge de contribution.* (OB.)

Peut-être pour Briand? sgr de Coué et de la Chaussée, mairie d'Angoulême : *d'argent, au chevron de gueules, accompagné de 3 éperviers de sable, longés et grilletés de gueules.* Cussat, commune de Montembœuf?

CHARLES DE CURSAY, *escuyer,* s^r *de Peyraud.* (OB. A LA CHARGE DE CONTRIBUTION.)

Charles de Curzay, écuyer, sgr de Peyraud (aliàs Puyraud), marié, en 1614, avec Marie Goullon de la Rousselière dont il eut : Jean de Curzay, écuyer, sgr de Coulonge, Villers, Saint-André et Bourdeville, marié, 1655, à Marie de Montalembert de Vaux. On trouve Peyraud, commune du Petit-Lessac, canton de Confolens, et Puyreaux, commune du canton de Mansle. On trouve également Puyreaud, commune de Gourville, canton de Rouillac. — Les armes (ut suprà).

LE S^r DU BREUILH DE ROUILLACT. (DEF.)

Etait peut-être de la famille de Chièvres? Rouillac, canton de l'arrondissement d'Angoulême.

LE S^r DE BOUCQAUROUX. (OB. A LA CHARGE DE CONTRIBUTION).

JEHAN GEOFFROY, *au lieu de* ROBERT GEOFFROY, *es-cuyer, s^r de la Pille et de la Vigerie en Moullidars, moyennant que Pierre de Chièvre, escuyer, s^r de Moullidars et Rouillact, luy est donné pour Ayde à contribuer pour les fraictz du voyage. (Sert pour le s^r de Teilhé.)*

> Geoffroy des Bouchaux (paroisse de Saint-Cybardeau) : *de gueules, à 2 chevrons d'or.* La Pille, commune de Champmillon, canton d'Hiersac. — La Vigerie, commune de Moulidars, même canton. — Est-ce Jean Geoffroy marié à Bertrande Viaud, ou *Jean,* marié à Jacquette de Rambert ?
>
> Pierre de Chièvres, écuyer, sgr de Rouillac, fils d'autre *Pierre,* et de Françoise Brivet. Il avait épousé, en 1627, Eléonore de Montalembert de Vaux, et a formé la branche de Curton qui est représentée à Poitiers. De Chièvres : *d'argent, à l'aigle éployée de sable.*

LE S^r DE LA GAGUERIE, *à cause du fief des Bertrandz.* (DEF.)

> Les Bertrands, commune d'Aizecq, canton de Ruffec.

FRANÇOIS DE JULLIEN, *escuyer, s^r du Quantet, à la charge quil luy sera fourny d'ayde pour les fraictz et despans de son voyage par le s^r Seneschal d'Angoulmoys.* (OB.)

> Probablement François de Julien, marié avec Eymerie Préveraud ; il était fils de Joachim de Julien, et de Marie de Saint-Laurens. — Julien de la Gagnardie (paroisse de Fontclaireau, près Mansle) ; *de gueules parti par une flèche d'argent, à dextre, bouclée de même, et, à senestre, un lion d'or, lampassé de même, armé de sable.*

REGNÉ JAY, *escuyer, s^r du Puypatrop, au lieu de Louis Jay, escuyer, s^r de Moutonneau et de Bourdelaye, son père.* (OB.)

> Jay : *fascé d'argent et de gueules en ondes, à 7 piles.* (sic - M. d'Ag.) — Puypalot, commune de Ventouse,

canton de Mansle. — Moutonneau, commune du canton de Mansle. — Bourdelais, commune de Saint-Front, même canton. — Louis Jay avait épousé, en 1604, Marie de Vol-vire, fille de Louis, sgr du Vivier, et de Nicole Duza.

JEHAN DE VOLLUIRE, *seigneur du Vivier*. (DEF.)

Jean de Volvire, chevalier, sgr d'Aunac, du Couret, de Mortaigne, etc..., marié, 1639, à Marie d'Estivalle. Il était fils de Charles de Volvire, sgr du Vivier, et de Jeanne Bouchard d'Aubeterce, mariée en 1618. Jean ne pouvait donc pas avoir plus de 16 ans, en 1635, ce qui expliquerait peut-être le *défaut*. Il avait un oncle appelé aussi *Jean*, marié, 1627, à Marie du Bois, mais il ne paraît pas qu'il ait été sgr du Vivier-Jusseaud. Volvire : *burelé d'or et de gueules de 10 pièces.*

FRANÇOIS DUMAS, *escuyer, s^r du Mas, de Ligné et de Roussillon.* (OB. A LA CHARGE DAYDE).

Ligné, commune du canton d'Aigre, arrondissement de Ruffec. — Roussillon, commune de Charmé, même canton. Dumas des Barrières (Angoumois) : *de gueules, à 3 têtes de lion couronnées d'or, lampassées de même, 2 et 1.*

LOUIS DEXMIER, *escuyer, s^r de Chenon.* (DEF.)

Louis Desmier, sgr de Chenon, fils d'Alexandre, sgr de Chenon, et de Françoise Guyot d'Asnières, se montra zélé protestant et ne voulut pas servir Henri IV, après sa conversion. C'est à lui que ce prince écrivait « *de ne pas le quitter pour aller manger des noix en Angoumois.* » Louis Desmier avait épousé, en 1629, Catherine Brun du Magnou, dont il ne paraît pas avoir laissé de postérité. — Chenon, commune du canton de Mansle. Armes (ut suprà).

REGNÉ DEXMIER, *escuyer*, s^r *de Grosbois*. (OB. A LA CHARGE D'AYDE).

Sans doute fils de Jean Desmier, écuyer, sgr de Grosboux (Chatellenie de Verteuil), et de Gabrielle Pailhier, lequel *Jean* était oncle de Louis Desmier de Chenon, qui précède. — Grosboux, commune de la Forêt-de-Tessé, canton de Villefagnan, arrondissement de Ruffec.

JEHAN DEXMIER, *escuyer*, s^r *de Jaudes*. (OB. A LA CHARGE DE CONTRIBUTION).

Jauldes, commune du canton de la Rochefoucauld.

ANTHOINE DEXMIER, *escuyer, s^r de Coulgeant et de Doumezact*. (OB. A LA CHARGE DE CONTRIBUTION).

Antoine Desmier, écuyer, sgr de Coulgens et de Domezac, marié, 1616, avec Isabelle de Farin, dame de Domezac. Il était fils d'*Alexandre*, écuyer, sgr de Chenon et de Coulgens, et de Françoise Guyot d'Asnières. Coulgens, commune du canton de la Rochefoucauld. — Domezac, commune de Saint-Gourson, canton de Ruffec.

THÉODORE REGNAUD, *escuyer*, s^r *de Villeneufve*. (OB. A LA CHARGE D'AYDE).

Sans doute le même que Théodore Regnaud, sgr de Villeneuve et de Poursac, qui rend un aveu à l'abbaye de Nanteuil-en-Vallée, le 18 mai 1656. — Armes (ut suprà). — Villeneuve, commune de Poursac, canton de Ruffec.

LE S^r DE MONTIGNY *et* **VILLESION.** (OB.)

Montigny sans doute pour Montigné, commune du canton de Rouillac, et Villesion pour Villetison, commune de Villefagnan?

LE S^r DE LA FOREST, s^r *de Lenclos*. (OB. CONTRIBUERA).

LE Sʳ DE CHASTELLARDZ-SAINCT-FRON. (OB. AVEC LE Sʳ DE MONTIGNY).

Châtelard, commune de Saint-Front, canton de Mansle. On trouve vers cette époque, Jacques Couraudin, écuyer, sgr du Chastelard, marié à Anne de la Barre. — Couraudin : *d'azur, à l'arbre tigé et feuillé d'or et de sinople, accosté d'une fleur de lis de gueules* (sic). (M. d'Ag.).

GABRIEL HOULLON, sʳ *de la Gouge.* (DEF.)

Serait-ce Gouge, commune de Bernac, canton de Villefagnan?

PIERRE DE MARCOSSAINCS, *servant au lieu de Jacques de Montalembert, escuyer, sʳ de Vaux.* (OB.)

Marcossaincs (aliàs Marcossaines, de Puyromain, paroisse de Saint-Cybardeaux) : *d'argent, à 3 hermines de sable, 2 et 1.* On trouve Pierre de Marcossaines, marié à Valérie de Couvidou; il était fils de *Louis,* et d'Angélique Jay.

Jacques de Montalembert, chevalier, sgr de Vaux, Plaissac, Chantemerle, etc., marié, 1621, à Françoise de Festiveau, était fils de Robert de Montalembert, sgr de Vaux, Villandry, Chantemerle, Saint-Simon et Plaissac, et de Jeanne de Livenne. — La branche de Vaux s'est éteinte dans Couturier de Fournoue. Montalembert : *d'argent, à la croix ancrée de sable.*

ETIENNE LAISNÉ, *escuyer, sʳ de la Couronne, à la charge quil luy sera donné ayde par le sʳ Séneschal d'Angoulmoys pour luy servir aux d. fraictz du voyage.* (DEF.)

Lainé, de la Barde : *d'argent, à la fasce de sable, accompagnée de 3 molettes d'éperon de même, 2 et 1.* Etienne, sgr de la couronne, était fils de Pierre Lainé, sʳ de la Barde, et d'Elisabeth Gabard, mariée en 1603.

Il avait pour frères 1° Philippe Lainé, sgr de la Barde, marié, 1628, avec Anne Martin; 2° Elie Lainé, sr de Francherville, marié à Suzanne Horric, 1649; 3° François Lainé, sr de Nanclas, issu du second mariage de *Pierre* avec Jeanne Bernard, marié, 1644, à Jeanne Forestier, dont Isaac Lainé de Nanclas, nommé lieutenant-général des armées du roi, en 1704, et autre François Lainé, sr de Monjourdan. — Cette famille paraît encore représentée en Angoumois.

YZAYE de la PORTE, *escuyer*, *sr de Florac, de Vairs et de la Tourvert*. (SERVIRA OU BAILLERA UNG CHEVAL LÉGIER).

Fleurac, commune du canton de Jarnac; Vairs, peut-être pour Vars? Cet *Izaye* ne figure pas dans la généalogie de la Porte, rédigée par M. de Chergé en 1857. C'est peut-être le même qu'un *Isaac* de la Porte, sgr de Fleurac, et marié à Marie Petillaud, qui ne se rattache pas non plus à la filiation générale. — Il semble être fils de *Samüel* de la Porte, sgr du Bois-de-Ret, et d'Elisabeth Perreau.

JEHAN-LOUIS de CASTELZ, *escuyer*, *à la charge quil luy sera donné ayde pour les fraictz de son voyage*. (OB. A LA CONTRIBUTION).

PIERRE de CHIÈVRES, *escuyer*, *sr de Rouillact, exempt pour son indisposition, donné pour ayde au filz du sieur de la Père*. (A LA CHARGE DE CONTRIBUTION).

Sans doute le même que Pierre de Chièvres, sgr de Rouillac, déjà mentionné plus haut, à l'article Geoffroy. — *La Père*, probablement pour La Peyre? ou pour la Pille (voir Geoffroy)?.

FRANÇOIS de CHIÈVRE, *escuyer*, *sr du Petit Moullin*. (OB. A LA CHARGE DAYDE).

Fils de Jacob de Chièvres, sgr du Petit-Moulin, et de

Marie Gourdin, il épousa, 1640, Jacquette Bruneau, fille de Louis Bruneau, écuyer, sgr de Granry, et de Madeleine de la Rousse.

JACOB DE CHIÈVRES, *escuyer, s^r de Guitres.* (OB.)

Jacob, sgr de Guitres et de la Vallade, fils aîné de Pierre, sgr de la Vallade, et de Françoise Brivet, épousa, 1613, Jeanne de Lescours, fille du baron de Vassé en Poitou, et forma la branche d'Aujac, encore représentée à la Rochelle. — Armes (ut suprà, article Geoffroy). — Guitres, commune de Chassors, canton de Jarnac-Charente.

PHILIPPES ORRICQ *et ses enffans pour leur fief et seigneurie de Courraden.* (UNG DES ENFANTS SERVIRA A LA CHARGE DAŸDE).

Philippe Horric, sgr de la Courade, marié à Jeanne Vinet, paraît avoir eu pour fils, Antoine Horric, s^r de la Vallade, marié à Marguerite de La Loubière. — La Courade, commune de Mareuil, canton de Rouillac. — Armes (ut suprà).

JEHAN DE BELLENEUSE, *escuyer, s^r de Beaupré.* (DEF.)

CÉZARD DE LESTANG, *escuyer, s^r de Ville-Sigounes et Maignact en la paroisse de Jaudes.* (DEF.)

César de Lestang, marié à Claude d'Alloue. Il était fils de Jean de Lestang, et de Félix de Volvire, et fut père de François de Lestang, marié à Marguerite de Pâris. —Magnac, commune de Jauldes, canton de la Rochefoucauld. Sigogne, commune du canton de Jarnac. — Lestang de Rulle : *d'argent, à sept lozanges de gueules,* 4, 3.

LE S^r DE LA TOUCHERONDE. (OB. EN CONTRIBUANT).

JEHAN DE MONTALEMBERT, *escuyer, s^r de Sers et de Chantemerle.* (LE S^r DE FAYE DAUB^{cre} POUR LUY).

Jean de Montalembert, chevalier, sgr de Cers, de la

Grange et de Chantemerle, lieutenant de roi des ville et château d'Angoulême en 1644, marié, en 1620, avec Charlotte Chesnel, fille de Louis Chesnel, sgr de Cers, et de Catherine de la Tour. Il était fils de Robert de Montalembert et de Jeanne de Livenne, et forma la branche des seigneurs de Cers, représentée en Saintonge et à Paris. — Sers, commune du canton de la Vallette, arrondissement d'Angoulême. Armes (ut suprà).

PIERRE de MONTALEMBERT, *escuyer, s* de Sainct-Simon en Reparsac*. (OB. PASTOUREAU CONTRIBUERA).

Fils de Guy de Montalembert, chevalier, sgr de Saint-Simon, et de Marguerite de Condran, marié deux fois, 1° à Joachine de Condran, 2° avec Marie Gaillard (1671), il continua la branche de Saint-Simon, éteinte, il y a quelques années, à Saintes, en la personne de M. Justin de Montalembert de Saint-Simon, décédé sans enfans de son mariage avec demoiselle Anna Deschamps de Brêche. — Reparsac, commune du canton de Jarnac.

ANTHOINE de CHASTEAUNEUF de RANDON, *escuyer, s* de Nersillac et du Tillou*. (DEF.)

Serait-ce *Antoine*, qui aurait épousé, 1635, Anne de Crugy (aliàs Cruzy) - Marcillac? — Il est appelé *Anne-Guérin*, dans la généalogie Cruzy-Marcillac. — Serait-ce plutôt *Adam* de Châteauneuf-Randon, sgr de Sainte-Hélène, fils d'*Alexandre-Guérin*, baron de Tournel, et d'Anne de Pelet, lequel *Adam* épousa, par contrat passé à Tillou, le 9 juin 1630, (reçu par Baufreton, notaire royal), Jacquette Vinsonneau, veuve de Charles de Crugy, marquis de Marcillac, qu'elle avait épousé en 1616, et fille de Jean Vinsonneau, écuyer, sgr de la Péruse et de Tillou, gendarme de la compagnie du duc d'Epernon, et de Jeanne Geoffrion, sa seconde femme? — Le Tillou, commune de Bourg-Charente, canton de Segonzac, arrondissement de Cognac. Nercillac, commune du canton de Jarnac, a peut-être été mis ici, par erreur, pour *Marcillac ?* — Châteauneuf de Randon : *d'or, à 3 pals d'azur, au chef de gueules.*

SALLOMON GUY, *escuyer*, s^r *de Ferrières et de Pontlevin, et* BERTRAND GUY *et* JOSEPT GUY, *ses frères, moyennant quoy,* PIERRE VIGNAUD, s^r *de Torsaye, est donné pour Ayde audit Bertrand Guy quy servira.* (OB. BERTRAND GUY).

Salomon Guy, marié à Jeanne Martin ; il semble fils de Roch Guy, et de Marguerite Comaudin (Couraudin?). On trouve aussi Bertrand Guy, s^r de Ferrières, marié à Marguerite de Poermont (sic). — Guy : *d'argent, à 3 boucles de gueules, 2 et 1, au chef d'azur.* Ponlevin, commune de Champmillon, canton d'Hiersac ; Ferrières, commune de Mainzac, canton de Montbron.

Torsaye peut-être pour Torsac, commune du canton de La Vallette ? Pierre (du) Vignaud devait être de la famille *Couraudin ?*

ARTHUR COURAUD, *escuyer*, s^r *du Maisne-Charles, tant pour luy que pour le* s^r *de Birac, son père.* (SERVIRA TANT POUR LUY QUE POUR SON PÈRE).

Arthur Couraud, fils de Pierre, sgr de Birac, et de Jeanne Brunet, épousa Marie Desmier, et semble avoir eu pour fils, Charles Couraud, marié à Marguerite Grimouard. — Le Maisne-Charles, commune de Birac, canton de Châteauneuf. Couraud : *d'azur, à l'épervier perché d'or au vol abaissé, becqué et onglé d'argent.*

NOUEL DE LEVAL, *escuyer*, s^r *de Boisjolly.* (OB. SERVIRA A LA CHARGE DAYDE).

Peut-être Boisjoly, commune de Saint-Laurent de Cognac ?

GABRIEL HOULIER, *escuyer*, *s*r *de Beauchamps*. (DEF.)

Sans doute Beauchamp, commune de Plassac-Rouffiac, canton de Blanzac. — Houlier de la Pouyade : *écartelé, au 1er d'or, à un chêne tigé et feuillé de sinople ; au 2e d'azur, à 3 étoiles d'or, 2 et 1, et un croissant d'argent en pointe ; au 3e fascé de sable (sic) à 3 molettes d'éperon de même ; au 4e d'azur, au chevron d'or, accompagné de 3 poissons d'argent.* Gabriel Houlier, échevin de la ville d'Angoulême en 1630, lieutenant particulier et criminel en la Sénéchaussée, fils de Christophe Houlier, sgr de la Pouyade (paroisse de Saint-Yrieix), épousa Charlotte Laîné dont il eut deux garçons : 1° Elie Houlier, maire d'Angoulême, en 1638, sgr de la Pouyade et de Rouffiac, marié à Catherine de Pâris, dame du Cluseau, qui lui donna une fille unique, Marguerite Houlier, mariée à René Voyer de Paulmy, marquis d'Argenson, maître des Requêtes et ambassadeur à Venise ; 2° Gabriel Houlier, sgr de Beauchamp, qui n'eut qu'une fille, mariée dans la maison de Vassoigne à laquelle elle porta cette terre. C'est sans doute de ce dernier *Gabriel* qu'il s'agit ici. Cette famille est représentée en Poitou, notamment par M. Houlier de Villedieu, marié à demoiselle Olympe de Liniers, du Plessis.

AUDON VIGIER, *escuyer*, *s*r *de la Poupadrie*. (DEF.)

Il devait être fils ou frère d'Henri Vigier, sgr de la Poupardie, marié à Louise des Escos (aliàs Louise des Champs). — Vigier de Rouffiac et de la Poupardie : *d'azur, à 3 fasces d'argent.* Aliàs : *d'argent, à 3 fasces de gueules.*

CHARLES POUSSARD, *seigneur de Lignières*. (DEF.)

Charles Poussard, chevalier, sgr de Fors, Bazôges, Anguitard, Lignières, gentilh. ordre de la chambre du Roi, marié, 1581, avec Esther de Pons, dame du Vigean, fille

de François de Pons, baron de Mirambeau, et de Madeleine
du Fou. Il était fils d'autre Charles Poussard, sgr de Fors,
de Saint-Trojan et de Lignières, et de Marguerite Girard
de Bazôges. Famille éteinte. — Lignières, commune du
canton de Segonzac. — Poussard : *d'azur, à 3 soleils d'or.*

LE SEIGNEUR BARON DE BLANCFORT, *à cause de son fief de
Lespine en Cristeuilh.* (DEF.)

> Criteuil, commune du canton de Segonzac. — Les Dur-
> fort se qualifiaient alors sgrs barons de Blanquefort. —
> Serait-ce l'un des fils de Jacques de Durfort, marquis de
> Duras, comte de Rozan, baron de Blanquefort, et de Mar-
> guerite de Montgommery?

JACQUES VIGIER, *escuyer, s^r de Luchet.* (DEF.)

> Jacques Vigier, sgr de Luchet, fils de Jean Vigier, sgr
> de Luchet, de Ségeville, etc. et de Claire de Beaumont-
> d'Usseau, épousa Renée de Fournoux, fille et unique héri-
> tière de Philibert de Fournoux, et de Jeanne de la Tousche,
> sgr et dame de Chastelars, de Passirac, de Bouresse et
> de Guizengeard. Il en eut Françoise Vigier, dame desd.
> lieux, mariée à Charles de Lannes, marquis de la Roche-
> chalais, baron de Cuzac et Cuzaguais, dont deux filles :
> 1° Lydie de Lannes, mariée à Léonor de la Rochefoucauld,
> marquis de Roissac ; 2° Sylvie de Lannes, mariée à Gas-
> pard de la Tour-Gouvernet. Vigier (ut suprà).
> Luchet, commune de Criteuil, canton de Segonzac.

YZAAC RENOUARD, *escuyer, s^r de Servolles, moyennant
quoy Pascal Renouard, son frère, en demeurra deschargé.*
(OB. A LA CHARGE DAYDE).

> Isaac Renouard, fils de Paschas (Pascal?) Renouard,
> sgr d'Armelles, et d'Esther de la Saumière, épousa Louise
> le Coq dont il eut Henry Renouard, s^r de Chemellières,
> marié avec Marie de Sens (ou de Feus?). Servolle, peut-

être en Montignac-le-Coq, commune du canton d'Aube-terre? — Renouard : *d'argent, à* 3 *fasces de gueules frettées d'or.*

CLAUDE DE JUSSAS, *seigneur baron d'Ambleville.* (DEF.)

Il était frère aîné de François de Jussac d'Ambleville, célèbre sous le nom de Saint-Preuil, qui fit prisonnier le duc de Montmorency, à Castelnaudary, et fut décapité à Amiens, en 1641, dans sa 40ᵉ année. Ils étaient fils de François de Jussac, baron d'Ambleville, lieutenant-général au gouvernement de Saintonge et d'Angoumois, gouverneur de Cognac, chevalier de l'ordre du Roi, etc., et d'Isabelle de Bourdeille. Claude était, en 1655, gouverneur de la tour du Hâvre. — Ambleville, commune du canton de Segonzac. — Jussac, originaire du Berry : *d'argent, à* 4 *fasces ondées de gueules, au lambel de même de cinq pendants.*

CLAUDE DU BREUILH, *sʳ et baron de Théon.* (DEF.)

Sans doute Claude du Breuil, marié en 1623 à Margue-rite Goulard, fille de Jacques Goulard, baron de la Faye et de Touverac, et de Françoise de la Tousche. Il était fils de Gilles du Breuil et de Gabrielle de Feydy, et père d'Annibal du Breuil, marié à Elisabeth Bonnin en 1666. La terre de Théon étant située en Saintonge, il faut supposer que Claude a été convoqué au ban d'Angoumois, à raison de quelque fief de cette dernière province, qui lui provenait peut-être de sa femme? — Du Breuil de Théon de Châteaubardon : *d'argent, à la bande d'azur, accompagnée de deux étoiles de gueules, l'une en chef, l'autre en pointe.* Famille encore représentée par M. du Breuil de Châteaubardon qui habite Vendôme.

REGNÉ DE LA TOUR, *escuyer, sʳ de Sainct-Fort.* (DEF.)

René de la Tour, chevalier, sgr de la Ferrière, baron

5

de Saint-Fort-sur-Ney, gentilh. ordʳᵉ de la chambre du
Roi, fils de François de la Tour, sgr de la Ferrière et de
Saint-Fort-sur-Ney, épousa Marie Vinsonneau, dame de
Bouthiers, d'Angeac-Champagne, du Sollanson et de Fougères, fille de Jean Vinsonneau, écuyer, sgr de la Péruse
et de Tillou, gendarme de la compagnie du duc d'Épernon,
et de Jeanne Geoffrion, sa seconde femme. Il n'eut qu'un
fils, Léon de la Tour, mort sans alliance en 1661, le
dernier de sa maison, et deux filles : l'aînée, Marie de la
Tour, épousa (1662) Jacques de Bremond, marquis d'Ars;
la cadette, aussi appelée Marie de la Tour, se maria deux
fois, 1° à Jean-Louis de Verdelin, sgr du Fresne, 2° en
1660, à Louis de Saint-Orens. — Saint-Fort, commune
du canton de Segonzac. — La Tour : *d'azur semé de fleurs
de lis d'or, à la tour d'argent maçonnée et ajourée de
sable.*

CHARLES DE CORLIEU, *escuyer, sʳ de Lussand.* (LESTOILLE
A LA CHARGE DAYDE.)

Probablement Lusseau, commune de la Pallue, canton
de Segonzac? — La famille Corlieu ou Corliec, originaire
d'Angleterre, à laquelle appartenait François de Corlieu,
l'auteur de l'Histoire des comtes d'Angoulême, et procureur du roi au siége présidial de cette ville, est encore
représentée en Angoumois par MM. de Corlieu de Coursac.
— Lestoille : *d'azur à une branche de laurier d'or et une
palme de même sortant d'un croissant d'argent, sur-
montés d'une étoile de même en chef.* Corlieu : *écartelé de
sinople, au chevron d'argent, accompagné de 3 quintefeuilles de gueules; et d'argent au lion de gueules armé,
lampassé et couronné d'or.*

FRANÇOIS DEXMIER, *escuyer, sʳ de Lerce?* (A LA CHARGE
DAYDE, SERVIRA.)

Ce doit être François Desmier, sʳ de Lerce (l'Herse?),

capitaine du château d'Angoulême, père de Louise Desmier, mariée à Lyonnet de Lubersac. Il était fils de
Raymond Desmier, sgr du Breuil de Blanzac, et de
Christine du Plessis-Liancourt. Cette branche des seigneurs du Breuil, du nom de Desmier, semble éteinte
depuis longtemps. — L'Herse, commune de Pérignac,
canton de Blanzac.

JEHAN-LOUIS DE **THOYON**, *escuyer, s*^r *dudict lieu.* (DEF.)

Thoyon (ou Toyon) : *d'azur, à la fasce d'argent, accompagnée de* 3 *têtes d'homme d'or*, 2 *en chef et* 1 *en pointe.*
Famille représentée en Saintonge.

JEHAN PERROT, *escuyer, s*^r *de la Chauffe.* (LE SIEUR DE LA
FAURIE LUY AIDERA).

LE S^r D'**OSLAGNE**, *escuyer, seigneur du fief d'Oslagne.*
(CONTRIBUERA POUR LE FIEF QU'IL A EN ANGOULMOYS.)

GASTON GOULLARD, *seigneur baron de la Faye.* (DEF.)

Gaston Goulard, baron de la Faye et de Touverac,
marié, 1624, à Jeanne de Pontbriand, dame de Montréal,
fille d'Hector de Pontbriand, chevalier de l'ordre du Roi,
son conseiller en ses conseils d'état et privé, et de Catherine
de Montardit. Il était fils de Jacques Goulard, sgr baron
de Touverac et de la Faye, et de Françoise de la Tousche
du Bois-Tirant. Cette branche des sgrs de la Faye et de
Touverac est éteinte depuis longtemps. La maison de
Goulard qui porte : *d'azur, au lion d'or, armé, lampassé
et couronné de gueules,* est encore représentée en Poitou.

CHARLES DE LA **MARTONNIE**, *filz du s*^r *du Groc.* (OB. A
LA CHARGE QU'IL SERVIRA POUR SON FRÈRE ET POUR LUY.)

Est-ce Charles de la Marthonie, marié avec Claude de
Saint-Aulaire, et fils de Jacques de la Marthonie, chevalier,

sgr de Puyguilhem, de Condac, Villard, etc., et de Marguerite de Mareuil de Villebois? — Le Groc, commune de Fouquebrune, canton de la Vallette. — La Marthonie (Mondot de) : *de gueules, au lion d'or*, (aliàs, *le lion armé et lampassé de gueules ou de sable*). Cette famille était représentée, il y a quelques années.

CAZIMER BARBARIN. (SERVIRA A LA CHARGE D'AYDE.)

HELLIES ROUSSEAU, *escuyer, s^r de la Mercerye*. (SERVIRA OU FOURNIRA UNG CHEVAL LEGIER.)

La Mercerie, commune de Magnac, canton de la Vallette. — Famille représentée en Angoumois, notamment par M. Prosper Rousseau de Magnac, fils de Nicolas-Prosper Rousseau de Magnac et de d^{lle} de Livron de Puividal, et petit-fils d'Étienne Rousseau, chevalier, sgr de la Mercerie et de Magnac, et de Suzanne-Rosalie de Montalembert de Cers. M. Prosper de Magnac a épousé, en 1833, d^{lle} Lucile Bermondet de Cromières, fille du Mis de Cromières et de d^{lle} Tryon de Montalembert, et en a eu au moins un fils, Prosper Rousseau de Magnac, né le 30 Janvier 1836. Rousseau : *d'azur, à une (eau) d'argent en pointe, surmontée de 2 oies de même et de 2 roseaux d'or.*

FRANÇOIS DU LAUX, *escuyer, s^r de Seguimardrye.* (DEF.)

Du Lau : *d'or, au laurier de 3 branches de sinople et un lion léopardé de gueules brochant sur le fût de l'arbre; à la bordure d'azur, chargée de quinze* (aliàs 18) *besans d'argent.* Famille représentée à Paris, et en Angoumois par la branche de L'âge-Bâton à laquelle appartient M. du Lau de L'âge-Bâton, marié à d^{lle} de Meyjounissas. Il habite les environs de la Rochefoucauld.

JEHAN MOREL, *escuyer, s^r de Tiac.* (SERVIRA POUR SES FRÈRES.)

Jean de Morel, sgr de Thiac, du Vigier, de Salles et

de Nanteuil, fils de Raymond de Morel, écuyer, sgr desdits lieux, et de Jacquette de Raymond, épousa, en 1630, Marie-Madeleine de la Porte, fille d'Isaac de la Porte, écuyer, sgr de Châtillon, Saint-Genis et la Vallade, et de Louise de Pons-Mirambeau. — Morel : *écartelé d'or, à 3 fleurs de lis d'azur, et d'argent à l'aigle de sable;* aliàs: *d'argent, à l'aigle de sable en bande, écartelé d'or, à 3 fleurs de lis de sable.*

CHARLES DE MORAILLES, *escuyer, sʳ de Courgeofau.*

DANIEL DEXMIER, *escuyer, sʳ du Jarricq, servira dayde heu esgard à la valleur de son fief.* (OB.)

Doit être le même que Daniel Desmier, sgr du Plessis, marié à Christine de la Faye, et fils cadet de Raymond Desmier, sgr du Breuil-de-Blanzac, et de Christine du Plessis.

GILLES DE POIVRE, *escuyer, sʳ de la Fenestre, à la charge de luy donner ayde.* (CONTRIBUERA SELON LA VALLEUR DE SON FIEF.)

On trouve Gilles Poyvre, qualifié sgr de Rodax, et marié, dès 1628, à Esther de Livron, fille de Josias de Livron, sgr du Maine-Groyer, et d'Esther Pastoureau d'Ordières.

JOSEPH DE VILLEDON, *escuyer, sʳ de Ronsenact, Malleberchie et Pierrefons.* (DEF.)

Villedon de Malberchie : *d'argent, fascé de gueules en ondes, à 7 piles.* (M. d'Ag.) Aliàs : *d'argent, à 3 fasces ondées de gueules.* — Ronsenac, commune du canton de la Vallette; Malberchie, commune de la Vallette; Pierrefons peut-être pour Perfont, commune de Boisbreteau, canton de Brossac? — Famille représentée en Poitou et à la Rochelle.

FRANÇOIS DE MARTIN, s^r *de Fontenelles.* (OB.)

ANDRÉ FRIQUANT, *escuyer, s^r de la Forest.* (EXEMPT.)

JEHAN-LOUIS DE LA BROUHE, *escuyer, s^r du Pouyaud.* (OB. SERVIRA.)

Le Pouyaud, commune de Dignac, canton de la Vallette. — Jean-Louis de la Broue, sgr de Dignac, gendarme de la compagnie du c^{te} de Nancy, en 1636, ne paraît pas s'être marié. Il était fils de Salomon de la Broue, sgr de Pouyaud, de Rochereau et du Roulet, écuyer du duc d'Épernon, auteur d'un traité sur la cavalerie, et Jeanne Guy de Ferrières. La Broue : *d'azur, au chevron d'or, accompagné en chef de 2 coquilles d'argent, et d'une main de même en pointe, posée en pal.* Famille représentée en Poitou.

JOUACHIN DE BRIANSON, *escuyer, s^r dudict lieu.* (DEF.)

FRANÇOIS JULLARD, *escuyer, s^r de la Chaslerye.* (DEF.)

La Chalerie, commune de Saint-Cybard-le-Peyrat, canton de la Vallette. Il faudrait peut-être lire *Juglard*, famille représentée en Angoumois, et qui porte : *d'argent, fascé de gueules, chargé d'une croix ancrée de sable, et deux lions passants de gueules, un en chef, un en pointe.*

HELLIES DE LIVRON, *escuyer, s^r de Barillaud.* (DEF.)

Livron de Puividal : *fascé en devise d'argent et de gueules à 6 piles, au franc quartier d'argent, au roc d'échiquier de gueules.* (Aliàs, 3 fasces au lieu de 6.) Famille représentée en Angoumois. — Barilleau, commune de Salles-la-Vallette, canton de Montmoreau, arrondissement de Barbezieux.

LOUIS DE XANS, *escuyer, s^r de la Court.* (OB.)

JEHANS DE XANS, *escuyer, s^r de Castandiat.* (DEF.)

Il faut lire sans doute Xambes, commune du canton de Saint-Amand de Boixe?

FRANÇOIS DE LA PLACE, *escuyer*, *s^r de Torsact.* (OB.)

Torsac, commune du canton de la Vallette.— La Place, originaire du Limousin : *d'argent, à 3 glands de sinople, 2 et 1.*

LE S^r DE CHASTARMAL. (SERT A LA COMPAG^E DU SEIGNEUR DE BRASSAC.)

Peut-être pour *Chatermat*, commune de Saint-Cybard-le-Peyrat, canton de la Vallette ?

PIERRE MÉHÉE, *s^r de la Vigerie.* (DEF.)

Méhée : *de sable, à 3 aigles éployées d'argent, 2 et 1.*

JACQUES DE LA CROIX, *escuyer, s^r de Jauvelles, à la charge de luy fournir ayde pour les fraicts de son équipage et voyage.* (DEF.)

La Croix de Jauvelles : *d'argent, au lion de gueules, à la croix tourtelée d'azur à la droite de la pointe.* (M. d'Ag.) On trouve ailleurs : *d'argent, à la croix alésée d'azur, surmontée d'un lion léopardé de gueules;* et encore : *d'argent, à la croix pattée d'azur sur laquelle est appuyé un lion de gueules.* — Jauvelle, peut-être commune d'Edon, canton de la Vallette ?

FRANÇOIS DU TEILH, *filz de Louis, moyennant quoy ledit Louis demeurra exempt.* (DEF.)

Armes (ut suprà).

HENRY MALLEN, *escuyer, s^r de Seruat.* (SERVIRA.)

ODET RESTIER, *escuyer, s^r de la Faye et de la Taillandie.* (SERVIRA POUR LUY ET LE S^r DE CERS).

La Taillandie, commune de Bonnes, canton d'Aube-terre. — Restier : *d'azur, à 5 bandes ondées d'or.*

GUILLEAULME RESTIER, *escuyer*, *s^r de la Traversie, à la charge quil se pourvoira par devers le s^r seneschal pour luy estre donné ayde.* (CONTRIBUERA.)

Sans doute Guillaume Restier, sgr de la Traversière, marié à Renée d'Ansigny. Il était fils de Rolland Restier et de Marie Moreau, et père de David et Jacques Restier. — Faut-il lire la Traverserie, commune des Essards, canton d'Aubeterre ? — Armes (ut suprà).

JEHAN CHASTAIGNER, *s^r de la Duransie.* (DEF.)

Chastaigner : *d'or, au lion posé de sinople, armé et lampassé de gueules.* Famille représentée en Angoumois et à Bordeaux, par la branche du Lindois.

HENRY DE PRESSAC, *escuyer, s^r de Chenaux.* (DEF.)

Pressac : *d'azur, au lion d'argent, couronné d'or, lampassé de gueules, et 8 losanges d'or en pal, 4 à droite, 4 à gauche.* — Est-ce Chenaud, commune de Garat, ou Chenaud, commune de Mouthiers ? — Famille représentée. Peut-être Henri, marié en 1657 à Catherine d'Israël ? Il était fils de Gédéon de Pressac de Lioncel, baron de l'Isle, et de Marie de Pons.

TOUSSAINCTZ JOUSSEAULME, *escuyer, s^r d....... et de Cerpoulier.* (DEF.)

Jousseaume, s^r de Mirau : *Parti, au 1er d'azur à 1 pigeon de sable* (sic) *soutenant une étoile d'or en chef, au 2e fascé d'or et d'azur à 6 piles. Toussaint* devait être proche parent et peut-être fils de Samuel Jousseaume, s^r de Mirau, échevin du corps de ville d'Angoulême en 1614. — Cerpoulier serait-il pour *Serpouillère*, commune de Beaulieu, canton de Saint-Claud ?

LE S^r DE SIRAN. (DEF.)

On trouve Siran, s^r du Port en Saint-Thomas de Cosnac

(Saintonge) : *d'azur, au lion d'or, armé et lampassé de gueules.*

HELLIES DE **MOREL**, s^r *de Puirousseau.* (DEF.)

LE S^r DE **CHAMPMARTIN.** (DEF.)

FRANÇOIS DE **CHAMBES**, *escuyer,* s^r *de la Couronne.* (SERVIRA.)

> De Chambes de Montsoreau, ancienne et illustre maison, originaire de l'Angoumois : *d'azur semé de fleurs de lis d'argent, au lion de même, armé, lampassé et couronné de gueules.* Famille éteinte. — La Couronne, probablement commune de ce nom, canton d'Angoulême ?

BERTRAND DE LA **LORANSIE**, *escuyer,* s^r *de la Seguinerye, moyennant quoy Jehan de Lalaurantye, escuyer, s^r de Charras, son père, sera exempt.* (DEF.)

> Bertrand de la Laurencie, sgr de Charras et de Seguinac, marié, 1619, à Léonarde Audier, fille de Bertrand Audier, sgr de Montchenil en Périgord, et d'Antoinette de Pourtenc de la Barde. Il était fils de Jean de la Laurencie, sgr de Charras, et de Suzanne de la Garde, et fut père d'Armand de la Laurencie, sgr de Chadurie et des Thibaudières par sa femme, Marie Cladier, lequel continua la branche de Charras. — La Seguinerie, commune de Saint-Amand-de-Montmoreau ; Charras, commune du canton de Montbron. — La Laurencie : *d'azur, à l'aigle éployée d'argent, au vol abaissé.* Famille représentée.

FRANÇOIS DU **LAUX**, *escuyer,* s^r *du Breuilh de Marton.* (SERVIRA.)

> Le Grand-Breuil, commune de Marthon, canton de Montbron. Armes (ut suprà).

IZAAC DE LA GARDE, *escuyer*, *s^r de Nanteuilh*. (OB.)

> Nanteuil, commune de Sers, canton de la Vallette. — La Garde : *d'argent, à l'étoile de gueules.*

LE S^r DE BELLEVAULT, *frère dudict s^r de Nanteuilh*. (SERVIRA, A LA CHARGE D'AYDE.)

> Peut-être Belvau, commune de Passirac, canton de Brossac ?

PAUL VIGIER, *escuyer*, *s^r de la Motte-Feuillade*. (DEF.)

> La Mothe, commune de Feuillade, canton de Montbron.

FRANÇOIS DE SAINCT-LAURENS, *escuyer, s^r de Feuillades*. (DEF.)

> Saint-Laurent : *d'azur, semé de fleurs de lis d'or, à un lion de gueules, couronné de même, lampassé d'or.*

SALLOMON CHAPITEAU, *escuyer, s^r de Raymondian*. (SERVIRA, A LA CHARGE D'AYDE.)

> Rémondias, commune de Mainzac, canton de Montbron. — Chapiteau : *d'azur, à 3 étoiles d'or en fasce accompagnées de 3 chapiteaux de même, 2 en chef, 1 en pointe soutenu par un croissant d'argent.* Famille représentée par M. Charles Chapiteau de Rémondias qui habite le château de la Vue, commune de Montbron. Il a épousé d^lle du Buc.

PHILIPPES DE VASSOUGNES, *escuyer, s^r de la Forest d'Ortes*. (FRANÇOIS DE VASSOUGNE, SON FILZ, SERVIRA.)

> La Forêt d'Horte, commune de Grassac, canton de Montbron. — Vassoigne : *d'or, au lion de sable, couronné de même, et trois souches d'arbre aussi de sable, 2 et 1.* Aliàs : *d'or, au lion couronné de sable, armé et lampassé de gueules.* — Famille représentée en Angoumois.

FRANÇOIS DE VASSOUGNES, *escuyer*, *s^r de la Brechenie.* (DEF.)

La Bréchenie, susdite commune de Grassac.

LE s^r DE MÉRÉ. (DEF.)

LE s^r DE MERSY. (DEF.)

HELLIES DAUPHIN, *escuyer*, *s^r de la Faurye*, *sera donné ayde.* (DESCHARGÉ TANT P^r SA MÈRE QUE FRÈRES, O LA CHARGE DE BAILLER CENT–CINQ^{te} LIVRES AU S^r DE LA CHAUFFIE.)

Dauphin : *d'argent, à deux fasces d'azur.* — *Hélie,* sans doute fils de François Dauphin, écuyer, sgr de la Faurie, et de Catherine de Chièvres, mariée en 1603 ?

FRANÇOIS BARTE, *escuyer*, *s^r de Grangeneuve*, *sera donné ayde.* (DEF.)

Barthe : *d'azur, à trois tours crénelées de sable mises en fasce.*

NICOLLAS DE LAMERYE, *escuyer*, *s^r dud. lieu.* (DEF.)

Sans doute pour l'Emerie ?

FRANÇOIS DE LA COURT, *escuyer*, *s^r du Rousseau.* (DEF.)

GABRIEL DE LA CROIX, *escuyer*, *s^r de Fenestre.* (DEF.)

La Croix des Ombraies : *de gueules, à 5 fusées d'argent en fasce.* — La Fenêtre, commune de Saint-Sornin, canton de Montbron. — Une famille de la Croix est encore représentée en Angoumois.

OLLIVIER DE CHAMBRES, *escuyer*, *s^r de la Brousse.* (DEF.)

Sans doute de la famille de Chambre ou de la Chambre qui porte : *d'azur, au chevron d'or, accompagné de 3 têtes de lion arrachées d'or, 2 et 1.* Représentée en Saintonge.

MARCQ DE CHIÈVRE, *escuyer*, *s^r d'Aubanis, à la charge de luy donner ayde.* (OB. CONTRIBUERA.)

Marc de Chièvres, sgr de l'Aubanye, fils de *Pierre*, et de Françoise Brivet, épousa, 1627, Agnès Lériget, fille de Pierre, et de Jeanne Pasquet.

FRANÇOIS DE GUEZ, *escuyer*, *s^r de Roussines et Ballezact.* (SON FILZ SERVIRA.)

Est-ce François Guez, sgr de Roussines, de Balzac et de Puy-de-Neuville, né en 1598, fils de Guillaume Guez, sgr de Balzac et de Roussines, et de Marie de Nesmond ? On serait tout naturellement porté à l'admettre, sans la note marginale du rôle, qui indique que ce François Guez fut remplacé à ce ban de 1635, par *son fils*. Or, *François* ne se serait marié avec *Anne* Préveraud, qu'en l'année 1634; son fils aîné, Guillaume Guez, né en 1636, ne pouvait donc pas comparaître au ban de 1635. Voilà qui dérange singulièrement la filiation de cette famille, fournie d'abord par Vigier de la Pile, et ensuite, d'après cet auteur, par M. Castaigne, dans sa notice insérée dans le bulletin de la société archéologique d'Angoumois, anno 1846. Peut-être le père de *François* s'appelait-il aussi François (et non pas *Guillaume*), ou peut-être même s'appelait-il *François-Guillaume*, quoiqu'à cette époque l'usage des deux prénoms ne fût pas encore très-étendu. — Roussines, commune du canton de Montembœuf; Balzac, commune du canton d'Angoulême. — Guez : *de gueules, à deux fasces d'or.*

PIERRE DE CHASTEAUNEUF, *escuyer*, *s^r de Fergemond.* (DEF.)

Châteauneuf de Forgemont : *d'azur, à 3 lions passants d'or, lampassés de gueules, l'un sur l'autre.* On trouve Forgemon, commune de Saint-Claud.

IZAAC CHASTAIGNIER, *escuyer, s^r de Lindoix.* (DEF.)

Le Lindois, commune du canton de Montembœuf. — Isaac, gentilh. ord^{re} de la ch. du R., fils de René Chasteigner, et de Claude de Salaignac, se maria 2 fois : 1° 1614, à Madeleine de Pons, fille de Ponce de Pons, et de Cécile de Durfort; 2° en 1628, avec Esther de Larmandie, et continua la branche du Lindois.

YZAAC CHASTAIGNIER, *escuyer, s^r de la Graule.* (DEF.)

La Grolle, commune du Lindois. — Cet Isaac était frère du précédent et paraît n'avoir pas laissé de postérité.

FRANÇOIS DU ROUSSEAU, *escuyer, s^r de Ste-Catherine, à la charge d'ayde.* (SERT P^r LE S^r DE RANCOUGNES ET VILLARS-MARANGE.)

Du Rousseau, des granges : *de gueules, au chevron d'argent, accompagné de 3 besans de même, 2 et 1, au chef d'argent chargé de 3 losanges de gueules.* François appartenait probablement à la branche de Ferrières qui semble être encore représentée en Angoumois.

LE S^r DE MAZIÈRES DE GENOUILLACT. (DEF.)

Genouillac, commune du canton de St-Claud. — On trouve vers cette époque, Jean Perry, sgr de Mazières, marié à Marie Eschallard; leur fille, Anne de Perry, épouse, 1607, Pierre d'Abzac, sgr de Villard et de Saint-Pardoux-la-Rivière.

GABRIEL DE LA CHÉTARDIE, *escuyer, s^r dudict lieu, exempt de la compaignée de Monsr le compte de Jonzact.* (DEF.)

La Chétardie, commune d'Exideuil, canton de Chabanais. — Trotti de la Chétardie : *d'azur, à 3 gerbes d'or, au chef d'or chargé de 3 pommes de pin de sinople; écartelé de sable* (aliàs *d'azur*) *à deux chats d'argent passants, l'un sur l'autre.*

JEHAN DE LA CHÉTARDYE, *escuyer*, s^r *du Bureau et de Piraveaut, tant de son chef que comme curateur de ses enffans.* (DEF.)

Le Bureau, commune de la Péruze, canton de Chabanais.

ESTIENNE DE LUBERSAC, *escuyer*, s^r *de la Foucaudye, au lieu et plasse de* FRANÇOIS DE LUBERSAC, *escuyer*, s^r *de Bachères, son père, et de* RAYMOND D'ABZAC, *escuyer*, s^r *de Poessact, quy luy sont donnés pour ayde.* (OB.)

Raimond d'Abzac, sgr de la Forest et de Villard en Périgord, 4e fils de Guy d'Abzac, sgr de Villard, et de Louise Brun de la Vallade, fut capitaine d'infanterie dans le régiment d'Épernon, puis capitaine de cavalerie, et épousa, 1° en 1613, Guionne de Singarreau, dame de Pressac en Angoumois, fille de *Jean*, et de Catherine de Bermondet, laquelle mourut sans postérité et lui laissa la terre de Pressac; 2° Anne d'Aloüe, fille de Louis, sgr des Adjots en Angoumois, et de Marie de Livenne, dont postérité. — Abzac : *d'argent, à la bande d'azur, chargée au milieu d'un besant d'or, et une bordure d'azur chargée de 9 besans d'or.* Famille représentée. — Pressac, commune de Saint-Quentin de Chabanais.

LE S^r DE VENS. (DEF.)

ANTHOINE DE COUTZ, *escuyer*, s^r *de la Rochepiquet.* (DEF.)

La Roche-Piquet, commune d'Oriolles, canton de Brossac. — Serait-ce pour des Coux, s^r du Chastenet en Limousin : *d'argent, à 3 fasces de sinople, une bande de gueules brochant sur le tout?*

DAVID PERREAU, *escuyer*, s^r *de Puydomaille.* (DEF.)

LE S^r DE MONTCHAPEAU. (DEF.)

LE Sʳ DU PLESSIS. (DEF.).

Est-ce un nom de fief? est-ce un nom de famille? On
trouve du Plessis, de Chaufour : *Fascé d'azur et d'or, à
7 piles.* (Sans doute pour : *d'azur, à* 3 *fasces d'or.*)

LE Sʳ DE FÉDIERS. (DEF.)

GUILLAUME MASSACRÉ, *escuyer, sʳ de Labrégement.* (JACQUES
GIGNACT, Sʳ DU TREUILH, FAIT LE SERVICE Pʳ LUY.)

L'Abrégement, commune de Bioussac, canton de Ruffec.
—Massacré : *d'argent, à* 3 *écureuils de gueules tenant une
pomme entre leurs pattes,* 2 *et* 1. Aliàs : *d'argent, à* 3 *écureuils de sable.*

ANTHOINE DUSSAULT, *escuyer, sʳ de Villars.* (JOINCT AVEC
LE Sʳ DE RANCOUGNES FOURNIRONT UNG CHEVAL LÉGIER.)

Dusault : *d'azur, à l'aigle éployée d'argent, au vol
abaissé, becquée et onglée d'or.* Famille représentée. —
Villars, peut-être commune de Verteuil, canton de Ruffec?

JEHAN TURPIN, *escuyer, sʳ du Puy-Faure, tant de son chef
que pour* JACQUES TURPIN, *escuyer, sʳ de Joué, son frère.*
(OB. SERVIRA.)

Ils étaient fils de René Turpin, chevalier, sgr de Jouhé,
la Bataille et Ardilleux, et de Madeleine Turpin, dame de
Puyferrier. *Jacques,* l'aîné, qualifié chevalier de l'O. du
Roi, baron d'Ardilleux, sgr de Jouhé, Puyferrier, la Tour
de Raix, etc., épousa, 1629, Jeanne Sochet, fille de Ni-
colas Sochet, écuyer, sgr de Villebouin et de la Charrou-
lière, pair et échevin de la ville de Poitiers, et de Jeanne
de Sainte-Marthe, seule fille de *Scévole* de Sainte-Marthe ;
Jean, son frère cadet, qualifié chevalier, sgr de Puyferrier
et de Bouin, épousa en 1645, Marie Tessereau, sœur de
Louis Tessereau, écuyer, sgr de Précigny, fille de *Pierre,*

écuyer, sgr de Vrat et de la Guichardière, et de Gabrielle
de Lage ; il en eut au moins un fils : Jacques Turpin,
chevalier, sgr de Bouin, marié, 1670, avec Françoise
Normand de la Tranchade. — Turpin de Jouhé : *d'azur,
à 3 besans d'or*. Cette ancienne maison est encore représentée à Saintes et à Paris, notamment par M. le vicomte
Louis de Turpin de Jouhé, marié à Versailles, 1861,
à d^{lle} Isabelle-Jacqueline, baronne de Tuyll de Seroos-
kerken, d'une des plus illustres familles de Hollande,
désignées par la qualification des *4 grands colliers*. —
Puyfaure pour Puyferrier ; Jouhé, paroisse de Pioussay,
près Ruffec.

PIERRE HÉRARD, *escuyer*, s^r de *Bramefan*. (SERVIRA, A LA
CHARGE D'AYDE.)

Brammefan, commune de Payzay-Naudouin, canton de
Villefagnan. — Hérard (aliàs Hiérard) : *fascé d'argent et
de gueules, à 9 piles, au lion d'argent, lampassé de
gueules, brochant sur le tout*. Pierre Hérard, lieutenant-
colonel au régiment de Rovigni, mort en Catalogne avant
1646, avait épousé Catherine Turpin, sœur des précé-
dents, et laissa : 1° Charles Hérard, écuyer, sgr de Brammefan, 2° Marguerite Hérard, mariée à N. de Brissonnet
dont un fils.

CHARLES DEXMIER, *escuyer*, s^r de *St-Bonnet et de la
Chaulme*. (DEF).

ABRAHAM DE CERIER, *escuyer*, s^r de *Javrezac*. (DEF.)

Abraham, fils cadet de Jean de Céris, sgr de Château-
Couvert en Saintonge, et de Jeanne de Puyvert, épousa
Renée de la Couture-Renou dont postérité. — Céris :
d'azur, à la croix alaisée d'argent. —Javrezac, commune
du canton de Cognac. — Famille représentée. On lui
donne aussi pour armes : *d'azur, à 3 étoiles d'or, et
d'azur, bandé d'or*.

PIERRE de **CAILLÈRES**, *escuyer*, s^r *du Breuilh-Lezon*, *à la charge de luy fournir ayde.*

Callières : *d'argent, à* 3 *fasces contrebretessées de sable.*
Ce Pierre n'est pas mentionné dans la généalogie de cette famille qui est encore représentée en Saintonge et en Bordelais. — Faut-il lire le *Breuil-Tizon*, commune de Payzay-Naudouin ?

PIERRE BRUNG, *escuyer*, s^r *du Macquen–Aubanie et de la Bastarde.* (OB.)

Faut-il lire le *Maine-Aubineau*, commune de Challignac, canton de Barbezieux ? ou bien le Magnou ? — La Bastarde, pour la Bastarderie, commune des Adjots, près Ruffec ? — Brung de Villesoufran portait : *burelé d'or et d'azur de* 8 *pièces, au lion d'or armé et lampassé de gueules, brochant sur le tout.*

PIERRE RÉGNAUD, *escuyer*, s^r *de la Fayolle.* (DONNE PAR CONTRIBUTION AUD. S^r DE PONLEVIN.)

Pierre Régnaud, sgr de Torsay et de la Fayolle, fils de Louis Régnaud, sgr de la Fayolle, et d'Anne d'Asnières (aliàs d'Assier), épousa 1° en 1635, Esther Pastoureau; 2° Rébecca Berland, et paraît n'avoir laissé de son premier mariage qu'une fille, Esther Régnaud, mariée, en 1650, à Charles de Gourjault, sgr de Bessé. — Régnaud : *d'azur, à* 3 *pommes de pin d'or ou d'argent.* — La Fayolle, commune du Vieux-Ruffec, canton de Ruffec.

RÉGNAUD de **VILLENEUFVE**, s^r *du Montet, à la charge de luy fournir ayde.* (DEF.)

CHARLES GAMBERT, *escuyer*, s^r *de Gourdonnet.* (SERVIRA, A LA CHARGE D'AYDE.)

Sans doute pour Gaubert, du Poirier, paroisse de Verneuil, qui portait : *de gueules, à une main d'argent, chargée dans la paume d'un œil de sable, et tenant un rameau de sinople sur lequel est perché un pélican à vol d'argent.*

PIERRE D'ANGELLY, s^r *de la Salle et de Louven.* (SERVIRA, A LA CHARGE D'AYDE.)

Angély : *d'argent, écartelé, cantonné de 4 croix de gueules;* aliàs : *d'argent, parti et coupé, cantonné de 4 croix alaisées de sinople.* — Lonnes (au lieu de Louven), commune du canton de Mansle. — Cette famille était encore représentée, il y a quelques années.

POL DE CHEVREUZE, *escuyer,* s^r *du Plan.* (DEF.)

On trouve *des Plans*, commune de la Faye, canton de Villefagnan. — Chevreuse : *de gueules, au sautoir d'argent, accompagné de 4 molettes d'éperon de même, au lambel de 3 pièces aussi d'argent.* Famille représentée, notamment par madame veuve Priqué de Guippeville.

AIMET VERNANT, *escuyer,* s^r *des Housches-Fontenelles.* (OB. SERVIRA, A LA CHARGE D'AYDE.)

Il faut lire Vernou, de la Fontenelle : *d'azur, au croissant contourné d'argent.* Amet devait être fils ou frère de Joachim de Vernou, sgr de la Fontenelle et du Colombier, et de Marie-Françoise de Thury. — Famille représentée dans la branche de Bonneuil.

REGNÉ REGNAUD, *escuyer,* s^r *de Villognon et de Puyperoux.* (OB. CONTRIBUERA.)

René, fils de Pierre Regnaud, sgr de Villognon, et de Françoise Mounier, dame de Puypéroux, épousa, en 1575, Philippe de Goret ; il devait être âgé, en 1635, d'environ 80 ans, circonstance qui explique comme quoi il ne pouvait guère satisfaire au ban que par contribution. — Villognon, commune du canton de Mansle. — Armes (ut suprà).

JEHAN DE LESMERYE, *escuyer, s^r de Monchedune et du Breuilh de Touvre, à la charge de luy bailler ayde.* (SERVIRA, A LA CHARGE D'AYDE.)

·Armes (ut suprà).

HENRY DE BÉCHET, *s^r de Branget.* (SERVIRA, A LA CHARGE D'AYDE.)

Probablement Henri Béchet, marié à Charlotte Bouyer. Il était fils de David Béchet et de Jeanne de Beauchamps. — Béchet, de Biarges et de Chantemerle : *d'azur, au lion d'or.* — Branget peut-être pour Branger, commune des Adjots, canton de Ruffec ?

GABRIEL GOULLARD , *escuyer, s^r du Breuilh et de la Ferté.* (DEF.)

Gabriel Goullard, chevalier de l'Ordre du Roi, gentilh. ordinaire de sa chambre, sgr du Breuil-Milon (plus tard appelé le Breuil-Goulard), de la Ferté et de la Mothe-d'Anville, etc., marié à Jeanne Boiceau, 1609, fille de Jean Boiceau, sgr de Saint-Martin , de Cerzay et de Pousou, continua la branche de Laléard. Il était fils de René Goulard, sgr du Breuil-Milon, etc., gentilh. ord^{re} de la chambre du Roi, et de Marguerite Poussard de Fors. — La Ferté, commune de Villefagnan. — Armes (ut suprà).

REGNÉ JOUSSERAND, *escuyer, s^r de Londigny.* (DEF.)

Londigny, commune du canton de Villefagnan. — Jousserand : *d'azur, au chevron d'or, accompagné en chef de deux roses tigées et feuillées de même, et en pointe d'une main fermée soutenant un faucon aussi d'or.*

YZAAC DE BEAUCHAMPS, *escuyer, s^r de Guinbourg.* (CONTRIBUERA.)

Ce doit être Isaac de Beauchamps, sgr de Bussac, fils de Louis, sgr de Bussac, Souvigné , etc., et de Françoise

Vigier, marié, dès 1599, à Esther des Granges. — Beauchamps : *d'azur, à l'aigle au vol abaissé d'argent, becquée et membrée de même.* Famille représentée en Saintonge. — Guignebourg, commune de Londigny, canton de Villefagnan.

JACQUES DE JERVOISE, escuyer, s^r du Breuilh d'Ambourit. (DEF.)

Il faudrait peut-être lire ici le Breuil d'*Ambernac*, commune de ce nom, canton de Confolens ?

LUCIEN DE RESSAC, *escuyer, s^r de la Forest.* (SERVIRA, A LA CHARGE D'AYDE.)

IZAAC DE BEAUCHAMPS, *escuyer, s^r de Villeneufve.* (SERVIRA, A CHARGE D'AYDE.)

Isaac, sgr du Parc, de Villeneuve, de Souvigné et du Chastelet-le-Rond, fils de Daniel de Beauchamps, sgr de Villeneuve, et d'Isabeau Chasteigner du Lindois, marié, 1633, avec Marie d'Anché, fille de Jean d'Anché, sgr de Bessé.

PHILIPPES D'AIGREMOND, *escuyer, s^r de la Vallée, à la charge quil luy sera donné ayde.* (CONTRIBUERA.)

Est-ce La Vallée, commune de la Magdeleine, ou La Vallée, commune de Tusson ?

PIERRE MASSACRÉ, *escuyer, s^r de La Salle.* (CONTRIBUERA).

Armes (ut suprà).

LE S^r DE FONTAINE. (DEF.)

LE S^r DE LA CROIX AU MOISNE. (DEF.)

CHARLES D'ALLOUHE, *escuyer, s^r des Ageaux.*

D'Alloue : *d'argent, à deux chevrons de queules l'un*

sur l'autre, accompagnés en chef de deux macles de sable.
— Les Adjots, commune du canton de Ruffec. — Vertot blasonne ainsi les armes de cette famille : *losangé d'argent et de sable.* On trouve ailleurs : *de sable, à 2 chevrons d'or accompagnés de 2 macles d'or en chef.*

FRANÇOIS DEXANDREUX, *escuyer,* s^r *de Gademoullins.* (OB.)

Gadmoulin, commune de la Pallue, canton de Segonzac, appartint un peu plus tard, à la famille Gréen de Saint-Marsault.

JEHAN DE LA ROCHEFOUCAULT, *escuyer, seigneur de Roissact.* (DEF.)

Roissac, commune de Gensac, canton de Segonzac. —La Rochefoucauld : *Burelé d'argent et d'azur, de dix pièces, à 3 chevrons de gueules brochant sur le tout, le premier écimé.* — Ce *Jean* ne figure pas dans la généalogie de la maison de La Rochefoucauld; il devait être fils d'Isaac, sgr de Roissac, Marville, Gensac, Chevalon, etc., et de Jeanne de Pons, mariée en 1605, et fille de Jacques de Pons, sgr de la Case, et de Judith de Montberon.

LOUIS ORRICQ, *escuyer,* s^r *de Bourdet.* (DEF.)

Armes (ut suprà.)

OZORIOR DAVID, *escuyer,* s^r *de la Motte-Tubignen.* (OB.)

David : *d'or à 3 coquilles de St-Jacques de sinople.* Famille représentée dans la branche de Lastours.

DANIEL GRAIN DE St-MARSAULT, *sgr de Chastelaillon et de la Garde-de-Merpins.* (DEF.)

Daniel, qualifié mestre de camp en 1622, fils de François Grain de Saint-Marsault, et de Marie Chesnel, épousa

Marie de Blois, fille de Louis, sgr de Rudepierre et du Roulet, et d'Anne d'Asnières, et en eut plusieurs enfants, entre autres, Benjamin Grain de Saint-Marsault, marié à Suzanne d'Ocoy de Saint-Trojan. — Gréen (aliàs Grain) : *de gueules, à 3 demi-vols d'or, 2 et 1.* — La Garde-Merpins, commune de Pérignac, canton de Pons, arrondissement de Saintes (Charente-Inférieure). Merpins, commune du canton de Cognac.

GALLIOT DE BRESMOND, *escuyer, s^r de Vernou.* (OB.)

François-Galiot de Bremond, chevalier, sgr de Vernou-s^r-Boutonne etc, capitaine au régiment de Parabère en 1627, gentilhomme de la chambre du Roi, conseiller et maître d'hôtel de S. M. J., Lieutenant de la ville et citadelle de Bourg-sur-mer, marié, 1626, à Jacquette de La Gourgue, dame d'Angeliers près Cognac, était fils de Philippe de Bremond, chevalier, sgr de Céré et de Frégenoux, et de Françoise Gérault du Chironail; il continua la branche de Vernou qui est encore représentée à Paris. *Galiot* était neveu de Josias de Bremond, baron d'Ars et des Chastelliers, qui commandait le Ban. — Vernou, commune du canton de Brioux (Deux-Sèvres).

CHARLES CHESNEL, *escuyer, s^r de Réaux et de Château-Chesnel.* (OB.)

Ce doit être Charles Chesnel, sgr de Réaux, marié à Louise de Saint-George, fille de Joachim de Saint-George, chevalier de l'O. du Roi, sgr de Vérac, baron de Coué, et de Louise du Fou. Il était fils de François Chesnel, et de Renée de Puyrigaud, et fut père de Josias Chesnel, sgr de Châteauchesnel et de Réaux, marié, 1633, à Marie de Polignac d'Ecoyeux, fille de Louis de Polignac, baron d'Argence, sgr d'Escoyeux, et de Suzanne de Geoffroy-de-Dampierre. — Chesnel : *d'argent, à 3 branches de chêne de sinople.* Famille éteinte dans Frétard. — Réaux,

commune du canton de Jonzac (Charente-Inférieure).
Châteauchesnel, commune de Cherves, canton de Cognac.

CHARLES DE POCQUAIRE, *escuyer, s^r de Cormiand?* (DEF.)

Peut-être Charles de Pocquaire, marié à Gabrielle
Arnaud, et qui semble fils de François de Pocquaire, et
de Marie de La Chassagne. — Pocquaire : *d'argent, à 5
fusées de gueules en fasce.* — Il faut sans doute lire *du
Cormier*, commune de Cherves, près Cognac ?

CHARLES DES VOUSTES, *s^r de Lisle.* (DEF.)

LOUIS RESNIER, *escuyer, s^r des Planches Vauzon.* (DEF.)

Est-ce *Louis*, sgr de la Planche et de Vaujompe, mort
en 1656, et marié, en 1611, à Noémi de Buor ? ou son
fils, également appelé Louis Régnier, sgr de la Planche
et de Vaujompe, mort en 1652, et marié, 1639, à Jeanne
Bretinaud, fille de Jean, sgr de Plassay et de Pampin,
baron de Saint-Surin et de Tonnay-Boutonne, et de
Françoise Buhet, sa seconde femme ? — La Planche, en
Poitou ; Vaujompe, commune de Saint-Sulpice, canton de
Cognac. — Régnier : *d'argent, au lion de gueules, armé,
lampassé et couronné d'or ;* aliàs : *écartelé d'argent, à 4
lions de gueules, armés et lampassés de même.*

JOZIAS DE BRESMOND, *escuyer, seigneur d'Ars.* (OB.)

C'est le commandant du Ban ; sa postérité est encore
représentée en Angoumois, aux châteaux d'Ars et de Saint-
Brice, ainsi que dans les environs de Saintes. — Ars, commune du canton de Cognac. — Bremond : *d'azur, à l'aigle
éployée d'or, au vol abaissé, becquée* (aliàs *languée et
membrée*) *de gueules.*

JACQUES DE LA ROCHEFOUCAULT, *escuyer, seigneur de
Salles et Genté.* (OB.)

Fils de Gaston de la Rochefoucauld, sgr de Salles, et

de Charlotte de la Rochefoucauld (de la branche de Chau-
mont), il épousa Marie du Fossé dont il paraît n'avoir
laissé qu'une fille, Charlotte de la Rochefoucauld, dame
de Salles, mariée à Alexandre de Galard-de-Béarn, comte
de Brassac. — Salles, commune du canton de Segonzac ;
Genté, commune du même canton.

PONS DE PONS, *seigneur de Bourg-Charente.* (CONTRIBUERA.)

Pons de Pons, marié à Elisabeth de Puyrigaud, dame
du Bois de Chermans, fille de Jean de Puyrigaud, sgr du
Bois de Chermans, et de Suzanne de Gombaud-Champ-
fleury. Il était fils d'autre Pons de Pons, sgr des Brosses
et de Bourg-Charente, et de Cécile de Durfort-Civrac.
Pons : *d'argent, à la fasce bandée d'or et de gueules de*
6 *pièces.* — Bourg-Charente, commune du canton de Segonzac. — Suivant quelques auteurs, la maison des anciens
sires de Pons serait encore représentée.

LE Sʳ DE Sᵗ-MESME. (CONTRIBUERA.)

Saint-Même, commune du canton de Segonzac. —
Geoffroy de Culant, sgr de Ciré, Saint-Mesme, le Grolet,
etc., fils d'Izaac de Culant, sgr des mêmes lieux, et de
Marguerite de Blois-Roussillon, épousa, 1633, Jacquette
Méhée, dame d'Anqueville, et continua la filiation des
sgrs de Ciré en Aunis, et d'Anqueville en Angoumois. —
Culant : *d'azur, au lion d'or, l'écu semé d'étoiles de*
même, au lambel de gueules. Famille éteinte.

ANTHOINE DEXMIER, *s^r de Coulgeant.* (ALLIBY.)

Coulgens, commune du canton de la Rochefoucauld.

FRANÇOIS DE **NESMOND**, *escuyer, s^r de la Chauvignière, moyennant quoy Philippes de Nesmond, escuyer, s^r de Brie, son père, demeurra deschargé du service et contribution.* (SERVIRA.)

Philippe de Nesmond, lieutenant-criminel et lieutenant-général d'Angoulême, marié à Léonarde Duverdier dont il eut François, sgr de Brie, marié à Marie Laurent. — Nesmond : *d'or, à 3 cors de chasse de sinople, liés de gueules.* — Brie, probablement Brie-sous-la-Rochefoucauld, canton de ce nom ?

JEHAN DANCHÉ, *escuyer, s^r de Bessé.* (OB. PAR SON FILZ QUI FAIT LE SERVICE.)

Bessé, commune du canton d'Aigre, arrondissement de Ruffec.

LE S^r D'**ARGENCE**, *au lieu et plasse du* s^r DE **SOUFFERTE**, *son père, seigneur de Diract.*

Gaspard Joumard, chevalier, sgr de Sufferte et de la Borde, gentilh. ord^{re} de la chambre du Roi, marié, 1608,

8

à Gabrielle Tizon d'Argence, fille de François Tizon, chevalier, sgr d'Argence, de Dirac, etc., gentilhomme ord^{re} de la chambre du Roi, et de Françoise de la Rochebeaucourt, avec la condition que les enfants à naître de ce mariage ajouteraient à leur nom, celui de Tizon d'Argence. Il en eut trois fils portant chacun le prénom de François. Tout porte à croire qu'il s'agit ici de l'aîné, François Joumard-Tizon d'Argence, chevalier, sgr de Dirac, Sufferte, Montançais, etc., capitaine au régiment de la marine, destiné à être sous-précepteur de Mgr le Dauphin, d'après une lettre de M. de Montausier, son cousin, mais privé, par la mort, de cet honneur. Il s'est marié deux fois : 1° à Marie des Cars, fille de François, comte d'Escars, et de Françoise de Verrières; 2° à Jeanne-Angélique de Lostanges de Saint-Alvère. — Achard-Joumard : *coupé, au 1er, d'argent, à 3 fasces de gueules surmontées de 3 doubles delta de sable, 2 et 1, entrelacés l'un dans l'autre,* qui est Achard; *au 2e, d'azur, à 3 annelets* (aliàs *besans*) *d'or, 2 et 1,* qui est Joumard. — Sufferte, en Périgord; Dirac, commune du canton d'Angoulême. — Cette famille paraît encore représentée, à Paris, par madame Lejeune de la Mothe, née Tizon d'Argence.

ROBERT DE **CHAMBES**, *escuyer, s^r de Lunesse, à la charge quil luy sera donné ayde.* (CONTRIBUERA.)

Est-ce Lunesse, commune d'Angoulême, terre qui est passée, depuis, aux Chausse de Lunesse? — Chambes (ut suprà).

JEHAN DE **CHERGÉ**, *escuyer, s^r dud. lieu, à la charge de luy donner ayde.* (OB.)

Jean de Chergé, sgr de Vallette, demeurant paroisse de Touvre près Angoulême, et marié à Gabrielle Tison, fille de Gilles, sgr de Sigougne, et d'Antoinette du Port. Il était fils de Cybard de Chergé, écuyer, sgr dudit lieu,

et d'Élisabeth de Montalembert de Vaux.—Famille représentée en Angoumois et en Poitou. — Chergé : *d'azur, à
la fasce d'argent, chargée de 3 étoiles de gueules.*

JACQUES DE MERGÉ, *escuyer, s^r du Chastellard.* (DEF.)

Armes (ut suprà.)

LE s^r DE SAINCT-HERMINE ET DU FA. (DEF.)

Est-ce *Hélie,* chevalier, sgr du Fâ et de la Laigne,
marié, 1607, à Izabeau de Polignac, ou Joachim, son fils,
sgr du Fâ et de Saint-Laurent, colonel d'un régiment d'infanterie, qui épousa, 1635, Anne de Polignac, fille de
Louis, baron d'Argence ? — Sainte-Hermine : *d'hermine
plein;* aliàs, *d'argent, à 6 hermines de sable,* 3 et 3.
(M. d'Ag.) Famille représentée en Poitou et en Angoumois.

HENRY DE RUSPIDE, *escuyer, servant au lieu de Jehan Ruspide, escuyer, s^r de la Bussière, son père.* (OB.)

Sans doute la Bussière, commune de Mouthiers, canton
de Blanzac ? — Ruspide : *d'azur, à deux épées d'argent
posées en chevron, accompagnées de 3 têtes de lion d'or,
lampassées de gueules,* 2 et 1.

FRANÇOIS DE LA ROCHEFOUCAULT, *escuyer, s^r d'Orbe,
Maulmont et Darou.* (OB. SON FILZ SERVIRA.)

François de la Rochefoucauld, sgr d'Orbé, Chassenet,
Maumont, Magnac, Barros, gentilh. ord^{re} de la chambre du
Roi, chevalier de son ordre, fils de Louis, sgr de Bayers,
et d'Angélique Gillier, épousa 1.° en 1607, Bertrande des
Aages, dame de Magnac, Rouelle et Maumont, fille de
François, seigneur des mêmes fiefs, et de Renée des
Aages. 2° N... de Réaux, fille d'un avocat du Roi à Angoulême. De ce dernier mariage, une fille unique, et du
premier, deux fils dont l'aîné, Pierre de la Rochefoucauld,
continua la branche dite de Maumont. — Maumont, commune de Magnac-sur-Touvre, canton d'Angoulême.

FRANÇOIS DE LESMERYE, *escuyer, s^r du Breuilh de Touvre, à la charge d'ayde.* (ALLIBY.)

LE S^r DE VILLEMONT. (DEF.)

On trouve Philippe de Jaucourt, sgr de Villarnoux, baron de la Forêt-sur-Sèvre, qualifié aussi marquis de Villemont, vers 1674. — Jaucourt : *de sable, à 2 léopards d'or.* Famille représentée.

CHARLES CORGNOL, *escuyer, s^r de Beauregard.* (DEF.)

Corgnol : *d'or, à deux chevrons de gueules.* Cette très-ancienne famille ne doit plus être représentée que par des femmes.

FRANÇOIS DE SENS, *escuyer, s^r de Champeranbaud.* (DEF.)

JEHAN DANCHÉ, *escuyer, s^r de Bessé.* (ALLIBY.)

Sans doute fils d'autre Jean, cité plus haut. Ils ne figurent ni l'un ni l'autre dans la généalogie de Puy d'Anché, fournie par le *Dictionnaire des familles du Poitou.* — D'Anché : *d'argent, au lion de sable, couronné, armé et lampassé de gueules.*

FRANÇOIS GUY, *escuyer, s^r du Breuilh de Puy-Robert, exempt, à la charge de fournir d'ayde.*

On trouve Puy-Robert, commune de Salles-la-Vallette. — Guy : *d'argent, à 3 boucles de gueules, 2 et 1, au chef d'azur.* Les Guy de Ferrières sont encore représentés en Périgord.

JEHAN DE TALLERANT DE GRIGNAUX, *escuyer, s^r de Puydevelle.* (SERVIRA TANT POUR LUY QUE P^r LE S^r DE FLA-GEOLLE, SON BEAUPÈRE, ET LUY DONNE AYDE.)

Talleyrand : *de gueules, à 3 lions d'or, armés, lampassés et couronnés d'argent, 2 affrontés, 1 en pointe.*

JEHAN DE CHAULMONT, *escuyer*, s^r *de Flageolles.* (OB.)

IZAAC MICHAU DE MONTJEON, *escuyer*, s^r *de Rochefort*, *et* JEHAN MICHAU DE MONTJEON, *son frère, quy fera le service au lieu et plasse dud. Yzaac son frère, à la charge de luy fournyr dayde suffisant.* (CONTRIBUERA SELON SON REVENU.)

LE S^r DE BOISBELLES. (DEF.)

LE S^r DE GLANGES. (CONTRIBUERA.)

Glange, commune de Jaulde, canton de la Rochefoucauld.

GEOFFROY DE CHERGÉ, *escuyer*, s^r *de Grandchampt, à la charge de luy fournir d'ayde.* (SERT POUR LE S^r DE L'AGE DE CHASSENEUILH.)

Geoffroy, sgr de Grandchamp, second fils de Cybard de Chergé, et d'Elisabeth de Montalembert de Vaux, paraîtrait s'être fixé en Poitou (Élection de Fontenay). On ignore s'il s'est marié et s'il a laissé postérité.

REGNÉ DE MONTFERMY, *escuyer*, s^r *de la Motte.* (SERVIRA, A LA CHARGE DAYDE.)

Probablement René, marié à Antoinette Courault, et fils de François de Montfermy, et d'Élisabeth de Massougnes. Il semble avoir eu pour fils, François de Montfermy, sgr de la Barre, marié à Jeanne des Montiers. — Montfermy : *d'azur, au lion d'or, armé de sable, et 3 étoiles d'argent en chef.* — La Motte, paroisse de Touvre en Angoumois.

PIERRE DUSSOUCHET, *escuyer*, s^r *de Villars, à la charge dayde, moyennant quoy son père demeurra deschargé.* (OB.)

Du Souchet de Villars : *d'or, à une souche de sinople d'où sortent 3 rameaux de même, à 3 étoiles d'azur en*

chef. —Villars, commune de Garat, canton d'Angoulême.
— Pierre du Souchet était peut-être le même que Pierre,
sʳ du Taillis, conseiller de l'hôtel-de-ville d'Angoulême
en 1631 ?

BERTHOULMÉ ᴅᴇ VOYON, *escuyer*, *sʳ de Roumefort, à la
charge dayde.* (ᴏʙ.)

FRANÇOIS ᴅᴇꜱ RUAUX, *escuyer, sʳ du Puydorion, fils d'aultre
François des Ruaux, escuyer, sʳ de Moussac.* (ᴏʙ).

Probablement François de Voyon, sʳ des Ruaux, de la
même famille que le précédent.

Le Roole des Nobles comparans ou deffaillans sellon quil est
cy dessus employé, a esté audiancé en la manière accoutumée,
en prézance du dict seigneur d'Ars et des gens du Roy, dont a
esté baillé au dict seigneur d'Ars le présant double. A Angou-
lesme, le second jour de septembre mil six cens trante cinq.

Signé : A. GANDILLAUD. Pʜ. ARNAULD (*a*).
LAMBERD (*b*). F. POUMET (*c*).

———

(*a*) Philippe Arnaud, sʳ de Chalonne, premier avocat du Roi au
Présidial d'Angoulême, maire de cette ville en 1639, sous-maire en
1641, maire de nouveau en 1655. Son frère, Pierre Arnauld, conseiller de l'hôtel-de-ville en 1653, a continué la postérité des sʳˢ de
Chalonne et de Bouex.
(*b*) Est-ce François Lambert, sʳ des Andreaux et de Lugeac, avocat
du Roi, marié à Catherine Meunier, ou l'un de ses fils: Jean Lambert,
sʳ des Andreaux, Procureur du Roi, et Guillaume Lambert, Président
de l'Élection, marié à Jeanne Daniaud ?
(*c*) François Pommet, avocat du Roi, maire d'Angoulême en 1641.

TABLE ALPHABÉTIQUE

CONTENANT

LES NOMS DES GENTILSHOMMES, LA PAROISSE, L'ÉLECTION DE LEUR RÉSIDENCE

ET LE BLASON DE LEURS ARMES (*a*).

(Maintenue d'Aguesseau, 1666-1667.)

ÉLECTION D'ANGOULÊME.

A

Angoulême. . . . AIGON, s^r de la Fonds (*b*).

Porte : *de sinople, à* 3......

Lonne. ...... ANGÉLY, s^r de la Salle.

Porte : *d'argent, écartelé, cantonné de 4 croix de gueules.*

(*a*) Cette table, placée à la fin du registre de la Maintenue d'Aguesseau, contient les noms de toutes les Élections de la Généralité de Limoges ; nous n'avons relevé que ceux des Élections d'Angoulême et de Cognac, qui se rapportent plus particulièrement au plan de notre travail.

(*b*) Sans doute pour *Aigron*, sgrs de Combizan et de la Mothe ?

L'Houmeau. . . . ARNOUL, s^r de la Chalonie.

Porte : *d'azur, à un croissant d'argent en pointe et une étoile d'or en chef.*

Cercleix. . . . . . AUDIER, s^r de la Font-Gressou.

Porte : *d'azur, à 3 lions passants d'or, lampassés de gueules, l'un sur l'autre : deux sauvages pour supports.*

Angoulême. . . . AVRIL, s^r de St-Marin.

Porte : *d'argent, à 3 étoiles de sable, deux chevrons de gueules en pal et un pommier de sinople, tigé et feuillé, en abîme, chargé de pommes d'or.*

B

St-Quentin. . . . BALLUE, s^r du Puy et de Belair.

Porte : *d'azur, à une tour d'argent, maçonnée de sable, surmontée d'un croissant de même.*

Angoulême. . . . BALLUE, s^r de Mongaudier et de Courjat.

Porte : *d'azur, à 3 croissants d'argent, enlacés ensemble.*

Confolens. . . . BARBARIN, s^r du Cluzeau.

Porte : *de gueules, à un poisson d'argent.*

Nanclars. . . . BARBEZIÈRES, s^r de Villenon.

Porte : *d'argent, à six fusées de gueules en fasce.*

Angoulême. . . BARBOT, s^r de . . . . . .

Porte : *d'or, au chevron d'azur, accompagné de . . . . . .*

Valence. . . . . BARTHE, s^r de Grangeneuve.

> Porte : *d'azur, à 3 tours crénelées de sable, mises en fasce.*

Angoulême. . . BARREAU, s^r de . . . . . .

> Porte : *d'azur, à 3 croissants d'argent, 2 et 1 duquel sort une palme d'or en pal.*

Nersat.. . . . . . BAUDOUIN, de Fleurac.

> Porte : *de queules, à une croix bezantée d'argent.*

Londegné (Londigny ?).. . . {BEAUCHAMPS DE GUYNEBOURG.

> Porte : *d'azur, à une aigle éployée d'argent, membrée de même.*

Angoulême. . . BERNARD.

> Porte : *d'or, au chêne de sinople, tigé et feuillé de même, au chef cousu d'argent, chargé de 3 hermines de sable.*

Chasseneuil. . . BERTRAND, s^r de Goursac.

> Porte : *Parti, au 1er d'azur, à 3 chevrons d'or, au 2me aussi d'azur, au chevron renversé d'or.*

St-Front. . . . . . BERTRAND, s^r de Romefort.

> Porte : (ut suprà).

Bouëx. . . . . . . BOISSIÈRE, s^r de Labinaud.

> Porte : *de queules, à 2 lions d'argent, affrontés, lampassés de queules, à 2 croissans d'argent et une étoile d'or au milieu, en chef.*

9

Roulet. . . . . . BOISSON, sʳ de Bussac.

> Porte : *d'or, à* 3 *romaines de sinople.*

DE BRANDES, sʳ du Petit-Rouilhac.

> Porte : *d'argent, au pin de sinople sur lequel est perché un oiseau; deux étoiles de gueules en chef, soutenues chacune d'un croissant de sinople; deux griffons ailés et onglés de sable affrontés contre le pin.*

Angoulême. . . BRIAND, sʳ de la Caussée.

> Porte : *d'argent, au chevron alésé de gueules, accompagné de* 3 *éperviers de sable, longés de gueules.*

BRISSAUD, sʳ de Chapelar.

> Porte : *Bandé d'or et d'argent, à* 7 *pièces.*

Chantillac. . . . BRAUTIER, sʳ de la Guérinière.

> Porte : *d'or, au sanglier de sable colleté par un lévrier d'argent.*

Garat. . . . . . DE BORDES, sʳ du Maine du Puy.

> Porte : *d'azur, au chevron d'or accompagné de* 3 *roseaux d'argent,* 2 *et* 1.

Bors. . . . . . . BOUCHARD, sʳ des Plassons.

> Porte : *d'azur fretté d'or, au chef cousu de gueules, écartelé de gueules, à* 3 *lions léopardés d'or l'un sur l'autre.*

Villefaignan. . . BOUQUET DE MOISMORIN.

> Porte : *de gueules, à la licorne d'argent.*

C

Marignac. . . . . CAMAIN, s^r de la Prade.

Porte : *de gueules, à une colonne d'or en pal et deux lions affrontés d'argent, au chef cousu d'azur chargé de deux étoiles et d'une croix d'or.*

Valence. . . . . . CHAMPELOU, s^r dudit lieu.

Porte : *d'azur, à la fasce d'or, soutenue d'un lion rampant, couronné de même.*

Minzac. . . . . . CHAPITEAU, s^r de Rémondias.

Porte : *d'azur, à 3 étoiles d'or en fasce, accompagnées de 3 chapiteaux de même, 2 en chef et 1 en pointe, soutenu par un croissant d'argent.*

Angoulême. . . CHARDEBOEUF, s^r d'Autouche.

Porte : *d'azur, fascé d'or, à un chevron accompagné de 3 étoiles aussi d'or en chef, et de même en pointe.*

Cherves. . . . . . CHATEAUNEUF, DE FORGEMONT.

Porte : *d'azur, à 3 lions passants d'or, lampassés de gueules, l'un sur l'autre.*

Cherves. . . . . . CHATEAUNEUF, s^r du Breuil.

Porte : *d'azur, à 2 lions passants d'or, lampassés de gueules, l'un sur l'autre.*

Angoulême. . . CHEVRAUD, s^r de la Valade.

Porte : *fascé d'azur et d'argent de 7 pièces.*

St-Vincent.. . . . CHEVREUIL, s^r de Lascoux.

> Porte : *d'azur , au chevreuil d'argent accompagné de 2 étoiles de même, l'une en chef et l'autre en pointe.*

Escuras. . . . . CHEVREUSE, s^r de Vallons.

> Porte : *de gueules, au sautoir d'argent accompagné de 4 molettes d'éperon de même, au lambel de 3 pièces aussi d'argent.*

Angoulême. . . DE CHILLOU, s^r des Fontenelles.

> Porte : *d'azur, à la croix ancrée d'argent.*

LE COCQ, s^r du Teil-Rabier.

> Porte : *d'azur, au coq d'or, crêté et patté de gueules.*

Aubeterre. . . . DE COMBES.

> Porte : *d'azur , à une palme d'argent soutenue d'un croissant de même en pointe, et accompagnée de 3 étoiles d'or mal ordonnées.*

Esbron. . . . . CORGNOL, s^r de Tessé.

> Porte : *d'or à 2 chevrons de gueules.*

Seures.. . . . . DE COUHÉ, s^r de la Touche.

> Porte : *Écartelé d'argent et de sable, cantonné d'une merlette ni pattée ni becquée de l'un en l'autre.*

Montgomard.. . COURAUDIN, s^r du Vignaud.

> Porte : *d'azur, à l'arbre tigé et feuillé d'or et de sinople, accosté d'une fleur de lys de gueules.*

Cercleix. . . . . . LA CROIX, s^r de Jonvelle.

Porte : *d'argent, à un lion rampant de guenles, armé et lampassé de même, à la croix tourtelée d'azur à la droite de la pointe.*

St-Sornin. . . . . LA CROIX, s^r des Ombrais.

Porte : *de gueules, à cinq fusées d'argent en fasce.*

Les Rivières. . . . CROIZANT, s^r des Rivières.

Porte : *d'azur, à la fasce d'argent.*

Puyrigaud. . . . CUGNAC, s^r de la Chaussade.

Porte : *Ecartelé et gironné de gueules et de sable.*

St Marry. . . . . CURZAY, s^r de St-Marry.

Porte : *d'azur, au cœur d'or soutenu d'un croissant d'argent en pointe.*

D

D'ABBADIE, s^r de Chasteaurenaud.

Porte : *d'argent, au lion rampant de gueules, accoté de 2 hermines, au chef d'azur chargé de 3 grives d'argent gorgetées de sable.*

Nanteuil. . . . . D'ANCHÉ, s^r de Bessé.

Porte : *d'argent, à un lion rampant de sable, armé, couronné et lampassé de gueules.*

St-Léger. . . . . D'AUTHON, s^r du Bourg-St-Pierre.

Porte : *de gueules, à une aigle éployée et couronnée d'or.*

Saint-Maurice-
des Lyons. . . { D'ASSIER, sʳ des Brosses.

Porte : *Burelé d'argent et de gueules. . . .
de 9 merlettes. 3. 3. 2 et 1.*

Florignac. . . . DAUPHIN, sʳ de la Faurie.

Porte : *d'argent, à 2 fasces d'azur.*

DAUPHIN, sʳ de la Cadoue.

Porte : (ut suprà).

St-Front. . . . . DESCHAMPS, sʳ de Beaupré.

Porte : *de gueules, à 3 quintefeuilles
d'argent, 2 et 1: deux ours pour supports.*

Angoulême. . . DESCURAS, sʳ de Rabiou.

Porte : *d'argent, à un cœur enflammé de
gueules, surmonté d'une étoile d'azur en
chef.*

Paisainaudouin. DESPRÉS, sʳ de la Frédière.

Porte : *Barré d'or et de gueules de 7 pièces.*

Chasseneuil. . . DEVEZEAU, DE CHASSENEUIL.

Porte : *d'azur, au chef danché de gueules :
supports, deux lions.*

Sᵗ-Gourson. . . DEXMIER, sʳ de Doumezac.

Porte : *Écartelé d'azur et d'argent, à une
fleur de lys de l'un à l'autre.*

Sᵗ-Romain. . . . DREUILLE, DE PUYCHENY.

Nil.

DUPIN, s^r de Masjoubert.

Porte : *d'argent à trois bourdons de gueules en fasce.*

E

St-Martin. . . . . ESCHALLARD, de Genouillé.

Porte : *d'azur, au chevron d'or.*

F

St-Simeux.. . . . FALIGON, s^r de Gaignère.

Porte : *d'argent, à une rose de gueules, tigée et feuillée de sinople, surmontée de 2 étoiles d'azur en chef.*

Paisainaudouin. FAUBERT, s^r d'Ayer.

Porte : *fascé d'argent et de gueules à 7 piles.*

Angoulême. . . FAURE, s^r de Courjat.

Porte : *d'azur, au lion léopardé d'or ayant sur la tête un hibou d'argent.*

Angoulême. . . FERRAND, s^r des Roches.

Porte : *d'azur, à une alliance d'argent sortant d'une nuée à dextre, et à senestre soutenant un cœur de gueules accompagné d'une étoile d'or en chef, et un croissant d'argent en pointe.*

Menot. . . . . . FERRÉ, s^r de Péruge.

Porte : *de gueules, à la bande d'or, accompagnée de 3 fleurs de lis de même, 2 aux côtés et une en pointe.*

Grassat. . . . . FERRET, s^r de la Font.

Porte : *de sable, à 3 fleurs de lis d'argent, à la bande de même brochant sur le tout.*

Romazières. . . FEYDEAU, s^r de Romazières.

Porte : *d'azur, semé de fleurs de lis d'or.*

Angoulême. . . DE FORGES, s^r du Chaslard.

Porte : *de gueules, à 2 fasces d'or accompagnées d'un triangle en chef de même et d'un croissant d'argent en pointe.*

Asnières. . . . . FORGUES, s^r de la Rocheandry.

Porte : *d'argent, à 3 corbeaux de sable, 2 et 1.*

Vinsat. . . . . . FORNEL, s^r de la Cour.

Porte : *d'azur au vol d'or; supports, deux lions.*

Brie. . . . . FRÉTARD, s^r de Gadeville.

Porte : *de gueules fretté d'argent; supports, deux lions.*

La Rochette. . . FROTTIER, s^r de Villars.

Porte : *d'argent, au pal de gueules, accoté de 10 lozanges de même, 4. 4. 2.*

Villognon. . . . FUMÉ, s^r de Villognon.

Porte : *d'argent, à cinq losanges de sable, 2. 2. et 1.*

G

Angoulême. . . GANDILHAUD, s^r de St-Aignand.

Porte : *d'azur, à une tour d'argent maçonnée et crénelée de sable.*

Seres. . . . . . . LA GARDE, s^r de Nanteuil.

Porte : *d'argent, à l'étoile de gueules.*

Verneuil. . . . . GAUBERT, s^r du Poirier.

Porte : *de gueules, à une main d'argent chargée dans la paume d'un œil de sable et tenant un rameau de sinople sur lequel est perché un pélican à vol d'argent.*

Angoulême. . . GAUTIER.

Porte : *Parti, au 1er d'azur, au lion rampant d'or, lampassé de même, armé de sable, au 2e bandé de sable et d'argent à 7 pièces, et 2 roses de gueules sur le tout.*

Nersat. . . . . . GENTIL, s^r de Langallerie.

Porte : *d'azur, à une épée d'argent en pal, la pointe en haut, sous laquelle passe un chevron de même, accompagné de 3 roses de même, 2 et 1.*

Palluau. . . . . . GERVAIS, s^r du Moyne-Caillaud.

Porte : *d'or, au lion rampant de sinople, armé et lampassé de gueules.*

GIBOUST, s^r de Chastelus.

Nil.

Angoulême. . . GILIBERT, s^r de Bourderie.

Porte : *d'argent, à 3 pyramides de gueules, en fasce.*

Vieux-Ruffet. . GORET, s^r de la Martinière.

Porte : *d'argent, à une fasce de gueules, accompagnée de 3 hures de sanglier de même, 2 et 1.*

Londigny. . . . GOULLARD, s^r du Breuil-Goulard.

> Porte : *d'azur, au lion rampant d'or, couronné, armé, lampassé de gueules.*

Marton. . . . . GOURDIN, s^r de Puygibaud.

> Porte : *d'azur, au calice d'or dans lequel becquettent 2 oiseaux d'argent, à une croix de même en chef.*

Nanteuil. . . . . GOURJAUD, s^r de Bessé.

> Porte : *de gueules, à un croissant d'argent.*

St-Angeaux. . . LA GRÈZE, s^r de Devezeau.

> Porte : *fascé d'argent et de gueules à 7 piles, à la bande d'azur chargée de 3 fleurs de lis d'or.*

Bressat. . . . . GRIMOUARD, s^r de Beaulieu.

> Porte : *d'azur, à la fasce de gueules (sic), accompagnée de 2 aigles éployées d'or en chef, et d'un lion passant de même en pointe.*

Angoulême. . . GUETZ, s^r de Balzac.

> Porte : *de gueules, à 2 fasces d'or.*

Angoulême. . . GUILLOUMAUD, s^r de Ruelles.

> Porte : *d'or, à un chêne tigé de feuilles de sinople, accosté de 2 étoiles de gueules.*

Angoulême. . . GUYMARD, s^r du Bouchet.

> Porte : *Parti, au 1er d'argent, à une tige de laurier de sinople, au 2me d'azur, à un lion rampant d'or, lampassé et couronné de même.*

St-Michel. . . . GUYOT, s^r^ de la Mirande.

> Porte : *d'or, à trois perroquets de sinople, pattés et becqués de même, à une houpe de gueules.*

H

Rouillé. . . . . HAUTECLAIRE, s^r^ de Fissat.

> Porte : *d'azur, à une tour d'argent, maçonnée et crénelée de sable.*

Paisainaudouin. HÉRARD, s^r^ de Brafemeau.

> Porte : *fascé d'argent et de gueules, à 9 piles, à un lion rampant d'argent, lampassé de gueules, brochant sur le tout.*

Cireuil. . . . . SAINTE-HERMINE, s^r^ de Chenon.

> Porte : *d'argent, à 6 hermines de sable,* 3. 3.

Angoulême. . . HOULIER, s^r^ de la Pouyade.

> Porte : *Écartelé, au 1er d'or, à un chêne tigé et feuillé de sinople; au 4me, d'azur, à un chevron d'or et* 3 *poissons d'argent; au 2me d'azur, à* 3 *étoiles d'or* 2 *et* 1 *et un croissant d'argent en pointe; au 3me fascé de sable, à* 3 *molettes d'éperon de même* (sic).

J

St-Martin. . . . JAMBES, s^r^ de la Couronne.

> Porte : *d'azur semé de fleurs de lis d'or, à un lion rampant de gueules* (sic), *lampassé de même.*

Fouquebrune.. . JAMBES, s^r de Fougères.

Porte : *de queules, à 8 fleurs de lis d'argent 3. 2. 2. 1, à un lion d'or rampant en abîme, lampassé de même.*

Angoulème. . . JAMEAUX.

Nil.

Fouquebrune.. . JAUBERT, s^r des Vallons.

Porte : *d'azur, fascé de gueules* (sic), *à 6 fleurs de lis d'or, 3 en chef, 3 en pointe.*

St-Front.. . . . JAY, s^r de Chastelars.

Porte : *fascé d'argent et de queules en ondes à 7 piles.*

Les Essards. . . JOUBERT, s^r de Boisvert.

Porte : *d'azur tranglé d'or, à 6 fleurs de lis de même, 3 et 2 en chef et une en pointe.*

Miran.. . . . . JOUSSEAUME, s^r de Miran.

Porte : *parti, au 1er d'azur, à un pigeon de sable* (sic) *soutenant une étoile d'or en chef; au 2me, fascé d'or et d'azur à 6 piles.*

Villars. . . . . JOUSSET, de Maison-Neuve.

Porte : *d'azur, à la croix d'or cantonnée de 4 coquilles de même.*

Biossac. . . . . JUGLARD, s^r de la Salle.

Porte : *d'argent, fascé de queules, chargé d'une croix ancrée de sable, à 2 lions passants de queules, un en chef, un en pointe.*

L

Doin. . . . . . . DE LAGE, sʳ des Allards.

>Porte : *d'argent, à une aigle de sable en vol, couronnée d'or, aux serres d'argent, tenant dans la dextre un poisson d'azur.*

Gurat. . . . . . LAGEARD, sʳ de la Grange.

>Porte : *d'azur, à un lion rampant et couronné d'azur (d'argent), armé, lampassé de gueules, surmonté d'un croissant de même (d'argent) en chef.*

LAINÉ, sʳ de la Barde.

>Porte : *d'argent, à une fasce de sable accompagnée de 3 molettes d'éperon de même, 2 et 1.*

Angoulême. . . LAMBERT.

>Nil.

LAMBERTERIE, sʳ de la Chapelle.

>Porte : *d'azur, à un lion rampant d'argent, armé, lampassé de gueules ; supports, 2 sauvages.*

Montberon. . . LAMBERTIE, sʳ du Minet.

>Porte : *d'azur, à deux chevrons d'or.*

Rivières. . . . . Sᵗ-LAURENT, sʳ de la Salle.

>Porte : *d'azur, semé de fleurs de lis d'or, à un lion rampant de gueules* (sic), *couronné, armé de même, lampassé d'or.*

Charras. . . . . . **LA LAURENCIE**, s^r de Charras.

> Porte : *d'azur, à l'aigle éployée d'argent, becquée d'or.*

Boues. . . . . . . **DU LAU**, s^r de Boues.

> Porte : *d'or, à un arbre tigé de feuilles de sinople, à un lion passant de gueules, à l'orle d'argent, chargé de* 18 *tourteaux d'azur.*

Nabinaux. . . . **LESTANG**, s^r dudit lieu.

> Porte : *d'argent, à 7 losanges de gueules,* 4, 3.

Longre. . . . . . **LESTANG**, s^r du Vivier.

> Porte : (ut suprà.)

> **DE LESTOILLE**, s^r de Blanzac.

> Porte : *d'azur, à une branche de laurier d'or et une palme de même sortant d'un croissant d'argent, surmontées d'une étoile de même en chef.*

Vars. . . . . . . **LEVEQUOT**, s^r de Noble.

> Porte : *d'azur, à un rocher d'argent surmonté d'un coq de même, crêté et gorgeté de gueules.*

St-Contant. . . **LIVRON**, s^r de Puyvidal.

> Porte : *Fascé en devise d'argent et de gueules à* 6 *piles, au franc quartier d'argent, au roc d'échiquier de gueules.*

Ronsenat. . . . ʟᴀ LOUBIÈRE, sʳ du Claud.

Porte : *d'argent, au loup d'azur.*

Nersat. . . . . . LUBERSAT, sʳ de la Foucaudie.

Porte : *de gueules, au loup passant d'or.*

M

Angoulême. . . ᴅᴜ MAS, sʳ de Barrières.

Porte : *de gueules, à 3 têtes de lion couronnées d'or, lampassées de même, 2. 1.*

Angoulême. . . MARTINEAU, sʳ de Barrières.

Porte : *d'azur, à une fasce d'or sous laquelle sort une demi-étoile, et deux étoiles au-dessus en pal* (sic).

Lapleau. . . . . MASCUREAU, sʳ de Lapleau.

Porte : *Coupé de gueules, fascé d'argent à 8 piles, et chargé de 3 étoiles d'argent, 2 et 1* (sic).

MASSACRÉ, sʳ de Labrégement.

Porte : *d'argent, à 3 écurieux de gueules tenant une pomme entre leurs pattes, 2. 1.*

Grossat. . . . . MAUMONT, sʳ du Chadeau.

Porte : *d'azur, à une croix besantée d'or.*

Mazerolles. . . . MAIGNAT, sʳ de Mazerolles.

Porte : *d'azur, à une main apaumée*

d'argent, écartelé de même, à un lion ram-
pant d'or, contourné, armé de sable, lam-
passé de gueules.

Espenede. . . . MAIGRET, sʳ de Villebon.

Porte : *d'azur, à 3 fleurs de lis d'or, 2. 1,*
à une bande percée de gueules (sic).

Orivaux? . . . . MARTIN, sʳ de Châteauroy.

Porte : *d'azur, à 2 fasces d'or.*

Valence. . . . . . Sᵗ-MARTIN, sʳ de la Pile.

Porte : *d'azur, au pal d'argent chargé*
de 3 hermines de sable.

Sᵗ-Amand. . . . LE MERCIER, sʳ de la Barde.

Porte : *d'azur, à un chevron d'or accom-*
pagné d'un croissant d'argent en chef au
milieu de 2 étoiles d'or, et d'un limaçon
d'argent en pointe.

La Rochefoucauld. DU MERGEY, sʳ du Chastelard.

Porte : *d'azur, à une croix potencée d'or*
accompagnée d'une croix besantée de même
en chaque quartier.

Angoulême. . . MESNEAU, sʳ de la Motte.

Porte : *de pourpre, à 3 fusées d'argent en*
fasce.

LE MEUSNIER, sʳ de Moulidars.

Porte : *d'azur, à un chevron d'or, accom-*
pagné de 3 poissons en pal d'argent, 2. 1.

Chassenon.. . . MAINGAUD, s^r de Châteaurenaud.

> Porte : *d'argent, à 2 chevrons de sable; supports, deux lions.*

Angoulême. . . MONTARGI, s^r de la Jasson.

> Porte : *d'azur, au chevron d'or, accompagné de 2 roses d'argent, tigées et feuillées de même, en chef, et d'un lis de même feuillé d'or, en pointe.*

Champaigne.. . MONTFERRAND, s^r de Lussaud.

> Porte : *d'azur, à 2 chevrons d'or.*

Palluau. . . . . MOREL, s^r de la Pallurie.

> Porte : *d'argent, à une aigle de sable en bande; écartelé d'or, à 3 fleurs de lis de sable, 2. 1.*

Angoulême. . . MORICET, s^r . . . . . .

> Porte : *d'azur, à une cane d'argent dans une eau de même, surmontée de 3 étoiles d'or en chef.*

Angoulême. . . MOULIN, s^r des Mérigots.

> Porte : *d'azur, à une roue d'or, pommetée de même.*

Soyaux. . . . . MOUROGNE, s^r de Grapillet.

> Porte : *d'azur, au chevron d'or, accompagné de 2 étoiles de même, en chef, et d'un croissant de même en pointe.*

N

Chassenon. . . . NESMOND, s^r de la Grange.

> Porte : *d'or, à 3 cors de sable, enquichés de même.*

Hiersac. . . . . NOGERET.

> Porte : *d'or, à 3 pommiers de sinople, feuillés d'or, 2 et 1.*

Angoulême. . . NORMAND, s^r des Bournis.

> Porte : *de sable, à une barre de gueules (sic), accompagnée d'une croix pattée en chef et de 3 glands d'or, tigés de sinople, mis en barre, 2. 1.*

Angoulême. . . Autre NORMAND, s^r des Bournis.

> Porte : (ut suprà).

O

Griparentier. . . ODET, s^r de Fouilloux.

> Porte : *de gueules, à 3 glands d'or tigés de même, 2 et 1.*

P

Bernat. . . . . . PANDIN, s^r de Beauregard.

> Nil.

Angoulême. . . PARIS, s^r de Lespineau.

> Porte : *d'azur, à 3 étoiles d'or, 2. 1, et un croissant d'argent en pointe.*

Angoulême. . . PASQUET, s^r du Peigu.

> Porte : *d'azur, à une sphère d'or, accoletée de 2 étoiles d'or, au croissant d'argent en chef.*

PASQUET, s^r de Laget.

> Porte : *d'azur, à un cheval d'or accompagné de 3 étoiles d'argent.*

Angoulême. . . PAUTE, s^r des Riffaux.

> Porte : *d'or, à un chevron d'azur, accompagné de 3 griffes d'oiseau de même.*

Pressignat. . . . PERRY, s^r de la Chauffie.

> Porte : *d'argent, à 2 lions passants de gueules, séparés d'une bande de sable. Deux griffons pour supports et une tête de licorne pour cimier.*

Angoulême. . . PICHOT, s^r de.....

> Porte : *d'azur, à 3 chevrons d'or.*

Torzat. . . . . . . LA PLACE, s^r de Torzat.

> Porte : *d'azur, à 3 glands d'or tigés et feuillés de même, 2. 1 ; supports, deux sauvages.*

Verteuil. . . . . DU PLESSIS, s^r de Chaufour.

> Porte : *fascé d'azur et d'or à 7 piles.*

Angoulême. . . POMARET, s^r de la Valade.

> Porte : *d'azur, à une tour d'argent maçon-*
> *née de sable, accotée d'un héron aussi d'ar-*
> *gent.*

Vieux-Ruffec.. . PONS, s^r de Couberinière.

> Porte : *d'argent, à une fasce componée*
> *d'or et de gueules à 6 piles.*

Dyesse. . . . . . PONTBRIAND, s^r du Pignon.

> Porte : *d'azur, à un pont d'argent maçon-*
> *né de sable.*

Blon. . . . . . . PONTENIER, s^r du Maine.

> Porte : *d'azur, au bourdon d'or en pal*
> *et une coquille de St-Michel, à dextre un*
> *limaçon sortant de sa coquille d'argent ; à*
> *senestre, un croissant d'argent ; en chef, un*
> *chevron d'or et 3 molettes d'éperon* (sic).

Londigné. . . . PONTHIEU, s^r de Chives.

> Porte : *Écartelé d'or et de gueules.*

Rouillac. . . . . LA PORTE, s^r de Lignières.

> Porte : *d'azur, fascé* (sic) *d'or et de gueules*
> *à 6 piles, à 2 renards d'or passant l'un sur*
> *l'autre en pointe.*

Lussát. . . . . . PRAGÉLIER, s^r de Roumefouse.

> Porte : *de gueules, à une tour crénelée*
> *d'argent ; écartelé d'azur, à 3 croissants*
> *d'argent, 2. 1.*

Chenaud. . . . PRESSAT, s^r de Lisle.

> Porte : *d'azur, au lion rampant d'argent, couronné d'or, lampassé de gueules, et 8 lozanges d'or en pal, 4 à droite, 4 à gauche.*

Angoulême. . . PRÉVERAUD, s^r de la Piterne.

> Porte : *d'azur, au chevron d'or accompagné de 3 grenades ouvertes, tigées et feuillées de même, 2. 1.*

Angoulême. . . PRÉVERAUD, s^r des Ménardières.

> Porte : (ut suprà).

Vieux-Ruffec. . PRÉVOT, s^r de la Chaume.

> Porte : *d'argent, à 2 fasces de sable accompagnées de 6 merlettes de sable ni pattées ni becquées, 3. 2. 1.*

Saugon. . . . . PRINSAUD, s^r de Pléan.

> Porte : *d'azur, au chevron d'or accompagné de 3 croix besantées mal ordonnées en chef, et un lion passant de même, lampassé de gueules, en pointe.*

R

Angoulême. . . RACAUD, s^r de la Croix.

> Porte : *d'azur; à 3 molettes d'éperon d'or, 2 et 1, et un croissant d'argent en pointe.*

Angoulême. . . RAOUL, s^r des Couronnes.

> Porte : *d'azur, à un chevron d'or accompagné de 3 molettes d'éperon d'argent.*

Angoulème. . . . RAOUL.

> Porte : *d'argent, à un poisson de sable en fasce et 6 anneaux de même, 3 en chef, 2 et 1 ; écartelé de bandes d'azur et d'or à 7 piles, au lion issant de même* (sic).

St Amand. . . . RAVARD, s^r de St-Amand.

> Porte : *palé d'azur et d'or à 6 piles.*

St-Cire. . . . . RAYMOND, s^r du Peyrat.

> Porte : *lozangé d'azur et d'or*

St-Amand. . . . RAYMOND, s^r du Breuil.

> Porte : *lozangé d'or et d'azur.*

Vieux-Ruffec.. . RAYNAUD, s^r de la Charloterie.

> Porte : *d'azur, à 3 pommes de pin d'argent, 2. 1.*

Chirat.. . . . . RAYNAUD, s^r de Lagechirat.

> Porte : *d'argent, à 2 fasces de gueules accompagnées de 6 merlettes de sable ni pattées ni becquées, 3. 2. 1.*

La Prade. . . . REFUGES, s^r de Ferchaud.

> Porte : *d'argent, à 2 fasces de gueules, accompagnées de deux serpents d'azur brochant sur le tout.*

Verneuil.. . . . RIBIER, s^r de Châteauneuf.

> Porte : *d'azur, à un croissant d'argent, au chef cousu de gueules chargé de 3 étoiles d'or.*

ROBIN, s^r des Ardillers.

Porte : *de sable, à 2 tours d'argent, maçonnées de sable; supports, deux dragons ailés.*

Donzat. . . . . DES ROCHES, s^r de Donzat.

Nil.

St-Maurice. . . ROQUARD, s^r de St-Maurice.

Porte : *d'azur, à un chevron d'or, et un Y de même en pointe.*

Cherves. . . . . ROUGNAT, s^r du Gazon.

Porte : *d'azur, au sautoir d'or accompagné de 4 étoiles d'or.*

Angoulême. . . ROUSSAUD, s^r de la Bourlerie.

Porte : *d'azur, à une eau d'argent en pointe, surmontée de 2 oies de même et 2 roseaux d'or.*

DU ROUSSEAU, s^r des Granges.

Porte : *de gueules, à un chevron d'argent accompagné de 3 besants de même, 2 et 1, au chef d'argent chargé de 3 losanges de gueules.*

Dignat. . . . . LE ROY, s^r du Maine.

Porte : *d'argent, à la bande de gueules, écartelé d'or, au lion rampant d'azur, armé, lampassé et couronné de gueules.*

Grenost. . . . . DES ROZIERS, de la Cour.

Porte : *d'argent, à 3 roses de gueules tigées et feuillées de sinople, 2. 1.*

Roche-Andry. . RUSPIDE, de la Bussière.

Porte : *d'azur, à 2 épées d'argent en chevron accompagnées de 3 têtes de lion d'or, lampassées de gueules, 2 et 1.*

S

Esdon. . . . . . SALIGNAC, sr d'Esseyx.

Porte : *d'argent, à 3 fusées de gueules en fasce.*

Angoulême. . . SAULNIER, sr de Francillat.

Porte : *d'azur, au chevron d'or accompagné d'une ancre? d'argent en pointe, au chef d'argent chargé de . . . . hermines de sable.*

DU SAULT, sr de Villonneur.

Porte : *d'azur, à 3 poissons mis en pal, 2 et 1.*

Esdon. . . . . . SESSAUD, sr de St-Just.

Porte : *d'argent, à 3 chevrons d'azur accompagnés de 3 étoiles de gueules, 2. 1.*

St-Quentin. . . SEYSSES, sr de Serat.

Porte : *d'argent, à 3 arbres de sinople, au chef d'azur chargé de 3 molettes d'éperon d'or.*

Espaignat.. . . . SOUCHET, s^r de Villars.

Porte : *d'or, à une souche de sinople d'où sortent 3 rameaux de même, à 3 étoiles d'azur en chef.*

Angoulême. . . SOUCHET, s^r des Doucets (Doussets).

Porte : *d'azur, à un lévrier d'argent accolé de gueules.*

T

Chaniers. . . . TALLERAND, de Grignols.

Porte : *de gueules, à 3 lions rampants d'or armés, lampassés et couronnés d'argent, 2 affrontés, 1 en pointe.*

St-Christophe. . DU TEIL, s^r de St-Christophe.

Porte : *d'or, à un lion rampant de gueules armé, lampassé et couronné d'argent, au chef d'azur.*

Angoulême. . . TERASSON, s^r de la Faye.

Porte : *d'azur, à un monde d'or et deux étoiles de même en pointe.*

Rouffiat.. . . . . THÉVENIN, s^r de la Valade.

Porte : *de gueules, à un chevron d'argent accompagné de 3 lions rampants d'or.*

Angoulême. . . THOMAS DE LÉZIGNAC.

Porte : *d'or, à un cœur de gueules, une étoile d'azur en chef et une croix raccourcie de même en pointe.*

Angoulême. . . . DU TIERS DE LA ROCHETTE.

> Porte : *de gueules, à un chevron d'or accompagné de 3 triangles de même, 2 et 1.*

Montberon. . . . . TOSCANE DE LA PERETTE.

> Porte : *d'azur, à 3 éperviers d'or, 2 et 1, et un croissant d'argent en abîme.*

Nonat. . . . . . . LA TOUCHE DE CHILLAC.

> Porte : *d'or, à un lion rampant contourné de sable, armé, lampassé et couronné de gueules.*

Dyesse. . . . . . . LA TOUR DE LEYMARIE.

> Porte : *d'argent, à une aigle éployée de sable becquée et pattée d'or, à la bordure d'azur chargée de 6 besans d'or, 3 en chef, 2 et 1; supports, deux griffons.*

Angoulême. . . . TRIGAUD DE LA BROUSSE.

> Porte : *d'azur, à un chevron d'or accompagné de 3 coqs d'argent, crêtés de gueules, membrés de sable, 2. 1.*

Chassenon. . . . . TRION DES SALLES.

> Porte : *d'argent, à 2 jumelles de gueules.*

Excideuil. . . . TROTTI DE LA CHÉTARDIE.

> Porte : *d'azur, à 3 gerbes d'or, au chef d'or chargé de trois pommes de pin de sinople, écartelé de sable, à 2 chats d'argent l'un sur l'autre.*

V

Grassat. . . . . VASSOUGNES DE LA BRECHENIE.

> Porte : *d'or, à un lion rampant de sable, armé, lampassé et couronné de même, et 3 souches d'arbre de sable, 2. 1.*

Paisainaudouin. VERNOU DES DEFFANS.

> Porte : *d'azur, à un croissant contourné d'argent.*

Espinède. . . . VERRIER DE BOULEZAT.

> Porte : *d'argent, à 2 léopards de gueules l'un sur l'autre.*

Lezignat.. . . . VIDAUD DU CHAMBEAU.

> Porte : *d'azur, tranglé d'or, à 3 fleurs de lis en chef et un lion passant de même en pointe.*

Sᵗ-Aignan. . . . VILLEDON DE MAISONNET.

> Porte : *d'argent, fascé de gueules en ondes à 7 piles.*

Sᵗ-Romain.. . . VILLEDON DE MALLEBERCHE.

> Porte : (ut suprà.)

Trois-Palis.. . . VILLOUTREIX DE LA ROCHECORAL.

> Porte : *d'azur, à un chevron d'or accompagné d'un croissant d'argent au milieu de 2 étoiles d'or en chef et d'une rose de même en pointe.*

Fouquebrune. . VILLOUTREIX DE LA DEVILLE.

Porte : (ut suprà).

VIROULEAU DE MARILLAT.

Porte : *coticé d'argent et de gueules à onze piles, au lambel à 3 piles d'azur.*

Aunat. . . . . . . VOLVIRE, s^r d'Aunat.

Porte : *burelé d'or et de gueules à* 10 *piles.*

Vaux. . . . . . . VOLVIRE DE BRESSAC.

Porte : (ut suprà).

ÉLECTION DE COGNAC.

A

Rainville. . . . . St-AMAND , s^r de l'Hommée.

>Porte : *d'argent, à 10 hermines de sable,*
>4. 3. 2. 1.

B

Nandart. . . . . BARBEZIÈRES , s^r de Villenon.

>Porte : *d'argent, à six fusées de gueules en fasce.*

Marignat. . . . BEAUMONT DE GIBAUD ET DE CONDÉON.

>Porte : *d'argent, au lion rampant de gueules, lampassé et couronné d'or, accoté d'azur* (sic); *supports : 2 sauvages.*

Mareuil. . . . . . BEAUPOIL, s^r de Mareuil.

>Porte : *d'azur, à 3 couples de chiens d'argent, en fasce.*

Cognac. . . . . BERIONAUD, s^r de la Brousse.

> Porte : *Parti, au 1er bandé d'or et d'azur à 6 pièces, au 2me d'azur, au pigeon d'argent, deux étoiles d'or en chef, et sur le tout, fretté d'argent et de sable.*

Montignat. . . . BIROT, s^r de la Charrière.

> Porte : *d'argent, à la bande d'azur, chargée de 3 roses d'or, accompagnée.* . . . . .

Mansle. . . . . BRIAND, s^r de Goué (Coué).

> Porte : *d'argent, au chevron de gueules, accompagné de 3 éperviers de sable longés et grilletés de gueules.*

Orioles. . . . . BUSSON, s^r de Coaffard.

> Porte: *d'azur, à la bande d'argent chargée de six chevrons renversés de gueules, accompagnée d'un sénestroche de carnation tenant deux bouts de lance d'argent et en sautoir.*

Jarnac-Charente. BOUYER, s^r de Mevelas.

> Porte: *d'azur, au chevron de gueules.*

C

Coulonges. . . . CERZÉ DE PARFOUCAULD.

> Porte : *d'argent, au chevron de gueules accompagné.* . . . . .

Cherves. . . . . CHESNEL, s^r de Châteauchesnel.

> Porte: *d'argent à 3 branches de sinople.*

Cognac. . . . . CIVADIER, s^r du Breuil.

Porte : *d'azur, à 3 gerbes d'or, 2 et 1.*

Anais. . . . . . LE COQ, s^r de Torzat.

Porte : *d'azur, au chevron d'or accompagné d'une feuille de laurier de même et
d'un croissant d'argent en chef, et d'une
étoile d'argent en pointe, surmontée d'un
coq de même.*

Riparsat.. . . . CROIZAT, s^r de la Roche.

Porte : *d'azur, au chevron d'or, 2 étoiles
en chef de même et un croissant d'argent en
pointe.*

F

Montignat.. . . . FLAMENT, s^r de Lugeat.

Porte : *de gueules, à 2 lions passants d'or,
lampassés et couronnés d'argent, l'un sur
l'autre.*

G

Cognac. . . . . GIMBERT, s^r de Boussat.

Graves. . . . . GIRAUD, s^r du Bois-Charente.

Porte : *d'azur, fascé d'or, à 3 coquilles de
St-Michel de même en chef et une en pointe.*

Tourières. . . . GOURDIN, s^r de la Faye.

Porte : *d'azur, à un calice d'or dans lequel
2 pigeons d'argent becquettent, et à un croissant de même en pointe.*

Champ-Millon. GUY, s^r de Pontlevain.

>Porte : *d'argent, à 3 boucles de gueules,* 2 *et* 1 *, au chef d'azur.*

Villognon. . . . . GUIOT, s^r de la Motte.

>Porte : *d'or, à 3 perroquets de sinople,* 2 *et* 1.

H

Villejoubert. . . HORRIC, s^r de la Barre.

>Porte : *d'azur, à 3 boucles d'or,* 2. 1.

Coupillat. . . . . HORRIC, s^r de la Valade.

>Porte : *d'azur, à 3 boucles d'or,* 2. 1.

J

Chassors. . . . JAROUSSEAU, de Luchat.

>Porte : *d'argent, à un lion ailé et dragonné de gueules, lampassé de même, tenant à sa patte droite un guidon d'azur. Supports,* 2 *lions; cimier, un lion.*

Mansle. . . . . . DE JULIEN, s^r de la Guinardière.

>Porte : *de gueules, parti par une flèche d'argent à droite bouclée de même et à sénestre un lion rampant d'or, lampassé de même, armé de sable.*

L

Lignières. . . . LABADIE, sʳ d'Aulny.

> Porte : *d'azur, à la croix patriarchale d'argent, 2 étoiles de même en chef et un croissant en pointe.*

Sellette. . . . . LESMERIE, sʳ de la Grave.

> Porte : *d'azur, à 3 feuilles de chêne de sinople* (sic), *2 et 1.*

Cigoigne. . . . LESTANG, sʳ de Rulles.

> Porte : *d'argent, à 7 losanges de gueules,* 4. 3.

Sᵗ-Genis. . . . . LIVENNE, sʳ de Grobost.

> Porte : *d'argent, à une fasce de sable frettée d'or ; 2 étoiles de sable en chef et une en pointe.*

Sᵗ-Genis. . . . . LIVENNE, sʳ de Lamotte.

> Porte : *d'argent, à une fasce de sable frettée d'or ; 2 étoiles de sable en chef et une en pointe.*

M

Roulhac. . . . . MASSOUGNES, sʳ de Charenton.

> Porte : *fascé d'argent et d'or à 7 piles, à une fleur de lis d'or en chef, écartelé d'or, à une fasce de gueules chargée de 3 coquilles*

13

de St-Michel d'or, accompagnées de 3 *hures de sanglier de sinople,* 2 *en chef, une en pointe.*

Mons. . . . . . MAYNARD, sʳ de la Tascherie.

Porte : *d'azur, à la croix d'or chargée d'une coquille de St-Jacques de gueules en chaque extrémité, cantonnée de* 4 *lions rampants d'or, lampassés de même.*

Vibrac. . . . . MÉHÉE, sʳ de Ferrières.

Porte : *de sable, à* 3 *aigles éployées d'argent,* 2 *et* 1.

St-Cibardeau. . MARCOSSAINES, sʳ de Puyromain.

Porte : *d'argent, à* 3 *hermines de sable,* 2. 1.

Rainville.. . . . Sᴛ-MARTIN ᴅᴇ ʟᴀ GARDE.

Porte : *d'azur, à* 3 *roses d'argent,* 2 *et* 1.

Cognac. . . . . MESNAGE, sʳ de Cagouillé.

Vaux. . . . . . MONTALEMBERT, sʳ de Vaux.

Porte : *d'azur, à la croix pommelée de sable et sur-ancrée.*

Criteuil. . . . . ʟᴀ MOTTE, sʳ dudit lieu.

Porte : *d'argent, à* 3 *fasces de gueules, accompagnées de* 3 *croix ancrées de sable,* 2 *et* 1.

Voulgezat. . . . MOSNEREAU, sʳ de Champaigne.

Porte : *d'azur, à* 3 *fasces d'argent, surmontées de* 2 *glands d'or en chef.*

O

Merpins. . . . SAINT-ORENS, s^r dudit lieu.

Porte : *d'azur, à une tour d'argent maçonnée de sable, à destre ; une croix de Malte aussi d'argent, à senestre.*

P

Macqueville. . . . PONS, s^r de Groix.

Porte : *d'argent, à une fasce tranchée d'or et de gueules à 7 piles.*

PONTLEVAIN, s^r de St-André.

Porte : *d'azur, à 3 fasces ondées d'or.*

Mansle. . . . . . PORTIER, s^r de Chalais.

Porte : *d'or, à 3 épées de sinople en pal à la garde de sable, 2 étoiles de gueules entre les épées et une en pointe.*

Veyrières. . . . PRESSAT, s^r de la Grelière.

Porte : *d'azur, au lion rampant d'argent, armé, lampassé et couronné d'or, cantonné de 4 losanges de même.*

R

Lignières. . . . RENOUARD, s^r d'Armelles.

Porte : *d'argent, à 3 fasces de gueules frettées d'or.*

St-Sulpice. . . REYNIER.

> Porte : *écartelé d'argent à 4 lions de queules, armés et lampassés de même.*

Cognac. . . . . RIGNOL, sʳ de la Foyre.

S

Cognac. . . . . SAUNIER, sʳ. . . .

V

Mons. . . . . . VALENTIN.

> Porte : *couché d'argent, à une croix d'azur chargée d'une étoile d'or en chaque bras et d'un croissant en abîme de même; cimier, une licorne.*

St-Fort. . . . . VERDELIN, sʳ de la Vaure.

> Porte : *d'or, à un oiseau de sinople, soutenu par une fasce d'azur.*

Cognac. . . . . VILET ᴅᴇ ʟᴀ BUETRIE.

Cognac. . . . . VOLUE ᴅᴇ BEAUROCHER.

ÉLECTION DE CONFOLENS.

Confolens. . . . BARBARIN, sʳ du Cluzeau.

> Porte : *de gueules, à un poisson d'argent.*

LISTE DES GENTILSHOMMES

Qui furent maintenus, en 1598 et années suivantes, par MM. de Marsillac et Benoit, commissaires départis pour la vérification des titres de noblesse, et dont il n'est pas parlé dans la Maintenue d'Aguesseau (a).

ÉLECTION D'ANGOULÊME.

CORLIEU (PIERRE DE), s^r de Lussat, paroisse de Champaigne.

PLANES (JEAN DE), s^r du Plessis.

PÉRUSE (CLAUDE DE), s^r de la Cose.

ÉLECTION DE COIGNAC.

MARON (JACQUES), s^r de la Croix, paroisse de Segonzat.

MARTIN (PIERRE), s^r de la Voute, paroisse d'Ambleville.

(a) Cette liste est aussi empruntée au M S S. des Maintenues de d'Aguesseau. L'auteur de ce M S S. dit l'avoir extraite d'un registre appartenant à une dame de Compreignac, et contenant les procédures faites par MM. de Marsillac et Benoît. Nous n'en extrayons nous-même que les noms appartenant à la province d'Angoumois.